샘물처럼

김제욱 수필집

문학공원 수필선 49

샘물처럼

김제욱 수필집

〈책을 펴내며〉

가족에게 바치는 선물

　금년은 일찍이 볼 수 없었던 코로나19바이러스라는 전염병이 창궐하여 많은 사람들을 어렵고 힘들게 하고 있습니다. 그런 와중에 이런 책을 내게 되어 송구스럽기도 하지만 한편으로는 부족한 저의 글이 여러분께 다소의 즐거움이 되었으면 하는 작은 소망을 가져보며 책을 출판합니다.
　어느 날 같은 안산김문(安山金門)의 종인이자 스토리문학의 대표인 김순진 고려대학교 평생교육원 교수로부터 격려의 말에 힘입어 어줍지 않게 용기를 내게 되었습니다.
　또한 중학교 동창인 포천향토문화사적연구소의 최창근 소장님과 김만진 전 농림수산부 사무관님의 격려가 큰 힘이 되었습니다.
　수필이란 무엇인가? 시란 무엇인가? 그런 막연한 상상을 해오긴 했습니다. 그러나 문학과 전혀 무관했던 내 인생에 등단이라는 말도 안 되는 꿈이 실현될 줄은 꿈에도 몰랐습니다. 다만 어려서부터 책 읽기를 좋아했고, 지금도 책을 가까이하고 있습니다.
　"수필은 청춘의 글이 아니요, 심오한 지성을 내포한 문학이 아니라 마음의 산책이다."라고 하신 피천득 선생님의 말씀이 생각납니다.

저보다 먼저 오랜 세월을 살아오신 분들과 제 연령대의 사람들이 겪었던 지난했던 삶은 비슷비슷 했으리라 생각합니다. 제 글들은 힘들고 어려웠던 일들과 보람 있었던 날들이 생각날 때마다 조금씩 써 모은 글로 인생의 향취와 여운이 숨어 있는 글일 뿐입니다. 지난 날 틈틈이 끼적여 보아두었던 보잘 것 없는 내용의 글입니다. 기대에 못 미치는 부분은 작은 미소로 답해주시리라 믿습니다.

끝으로 이 책이 나오기까지 애써주신 관계자 여러분과 주변 분들께 감사의 인사를 올립니다. 그리고 저와 동고동락해온 박인순 아내에게 그동안의 고마움을 담아 이 책을 선물합니다. 그리고 아버지 김덕진 님과 얼마 전 작고하신 어머니 최소자 님의 영전에 이 책을 바칩니다. 형제들에게도 못난 형이자 오라비가 그동안 고마웠다는 말을 남기고 싶습니다. 자녀들에게도 내 딸들이어서, 내 아들이어서 고맙다는 말을 전하고 싶습니다.

여러분 모두모두 고맙습니다.

2020년 여름, 극심한 코로나19 바이러스를 견디며

一峰 金濟旭

〈축사〉

샘물처럼 발간을 축하하며

최 창 근

   소년기에 문학소년 아닌 사람 없고, 늙어서 문사 아닌 사람 없으며, 화가 아닌 사람 없고 철학가 아닌 사람 없다고 말하지만 자기가 살아온 과거를 기록하는 사람은 많은데, 그것을 정리하여 책으로 출간하는 사람은 출판물 홍수시대라 하여도 주변에 그리 많지 않다.
   이번에 동향(同鄕)에서 초·중·고 시절을 같이 보낸 일봉(一峰) 김제욱(金濟旭) 친구가 수필집을 낸다며 초고본(草稿本)을 가지고 와서 읽어보라 했다. 읽는 순간 깜짝 놀랐다. 유명인이 쓴 수필집보다 더 재미있고 소설보다 더 재미가 있어서 책장이 저절로 넘어간다.
   특히 민족 동란 휴전 직후에 설립된 중학교의 20리가 넘는 거리의 비포장길을 걸어서 통학하는 고통과 빈곤의 생활을 너무나 리얼하게 표현한데 대하여 큰 감동을 받았다. 이 책이 출간되면 일제강점기의 말년을 살아오고, 해방의 격동을 보내고, 민족 동란의 어려움을 보내며, 4.19와 5.16의 혼란기를 보내며, 새마을운동시대를 지내며, 온 국민이 2만불 시대를 같이한 세대에게 호감을 받을 것으로 생각이 된다.

김제욱 친구는 자랄 때는 특별한 끼를 발견하지는 못했으나 건강하고 활기가 있으며, 무엇을 시작하면 끝장을 보는 집념이 강했던 친구로 기억한다.

본관을 안산(安山)으로 하는 김문으로 시조 긍필(肯弼)의 18대손이 되시는 좌승지(讚) 조상님이 10살이 되는 해 맏아들 성대(聲大)와 아우 성발(聲發), 성옥(聲玉)과 함께 정착한 곳이 이동면의 연곡리(燕谷里)이며, 10대를 번성하는 가문으로 내려온다. 분가하면서 많은 농토와 임야를 분배받은 것으로 알려진다. 성대(聲大) 입향조께서는 1622년(광해군 14년 壬戌) 장단에서 출생하시어 호를 촌로(村老)라 하였다. 이는 72세에 등과한 과장에서 머리가 하얀 노인을 보고 숙종(肅宗)대왕께서 백운산촌 일촌로(白雲山村一村老)라고 휘호를 내린 데서 촌(村)자 로(老)자를 취하여 호로 사용하신 것이다. 삼형제 모두 인품이 온유화덕(溫柔和德)하시며 학문이 높으시고 가업에 전력하시어, 부모님 병환에 단지수혈(斷指授血), 상분(嘗糞)으로 병세의 진단을 하는 등 효행이 두터우시어 일가삼효(一家三孝)의 휘호를 받았으며, 사후에 영평현(포천의 옛 고을 지명)의 유림과 관원의 협찬으로 동음사(洞陰祠)라는 사당을 건립하여 삼형제의 위패(位牌)를 봉안하고 유림과 관원이 매년 봄 향사를 받들어오는 것이 지금에 이르고 있다.

촌로공의 삼형제는 일반 식량 작물도 일정한 비율로 분업화하여 경작하였으며, 목화와 삼(마, 麻), 뽕나무 등도 일정한 비율로 재배하여 전문기술자로 양성하였고, 흉·풍년과 과잉 생산에 대비한 훌륭한 경제학자로서의 삶을 살으시었다. 교유관계도 신의에 바탕을 두어 영의정을 지내신 문곡(文谷) 김수항(金壽恒) 선생과의 교분이 두터웠으며 산을 나누어준다거나 집터를 마련해주겠다는 약속도 하였다. 문곡 선생은 당쟁의 참화를 당할 것을 예측이나 한 듯 아들 육형제를 촌로 선생에게 부탁하기도 하였다. 과연 참화를 당하자 문곡 선생 부인께서 육형제를 데리고 촌로 선생을 찾아가니 역적의 자식임에도 참수를 무릅쓰고 반가이 맞이하여 집과 식량, 의류까지 지원하여 주고, 학문도 계속하도록 도움을 주어 육형제가 모두 대학자이거나 정승과 판서를 지내게 하는데 큰 힘이 되었다. 문곡 선생은 신(新) 안동 김문으로 10대가 지난 지금까지도 돈독한 교분을 가지고 문곡 선생을 모신 옥병서원에 촌로 선생을 함께 모셔 제향을 지내오고 있다.

가문에 조상님을 모시는 사당이 있어도 명문가라 하는데 유림과 기관에서 향사를 모시는 동음사가 있으니 명문가의 후손임은 틀림없다.

김제욱 친구는 글을 쓰는 재주는 물론 그림 공부도 하여 단체전전을 할 정도의 작품을 만들었고, 민요 창에도 일가견이 있어 몇 년을 공부하였으며, 늦게나마 잠재되어 있던 예술의 재능이 발휘되고 있다.

이번에 자서전 같은 수필집이 간행되니 기쁜 마음을 금할 수 없어 동시대를 살아온 동료 친지들이 많이 읽기를 바라고, 경영하는 '장구산목장'의 무궁한 발전이 있기를 기원한다. 또한 가족, 자녀 모두 건강하고 화목하기를 간절히 바라며 2탄, 3탄 연이어 나오기를 소망하며 축간사(祝刊辭)를 끝낸다.

2020년 여름

경기향토사학회 편수위원
국사편찬위원회 국내사자료조사위원
포천향토문화사적연구소 소장   玄岩 崔昌根

〈축사〉

자랑스러운 친구

김 만 진

　우선 동창 친구이자 안산김씨 집안의 조카인 제욱이가 이렇게 훌륭한 글을 써내리라고는 상상치 못했다. 가족의 생계를 책임지기 위하여 월남전 참전을 감행할 때, 그의 용기는 정말 우리 친구들을 감동시키기에 충분했다. 그 시절에 쓴 시와 일기, 그리고 그림이 무려 50여년이 지나 책으로 나온다니 감개무량하다.

　이 책은 크게 5부로 편집되었다. '1부. 샘물처럼'에서는 젊은 시절부터 지금까지 인생을 열심히 살아온 모습이 친구의 모습이 잘 나타나있다. 누구나 공감할 수 있는 내용으로 잘 표현되었다고 생각한다. 자연을 사랑하고 농촌을 가꾸어 나가려는 농부의 모습이 참으로 아름답게 느껴진다.

　'2부. 이주를 결심하기까지'에는 가난 때문에 상경하고 갖은 고생을 하며 살다가 다시 귀향을 꿈꾸며 이주를 결심하기까지의 시대적 환경적 요인에 대한 이야기와 그 전후를 이어가며 재미있는 에피소드가 잘 꾸며져 있다. 뒷부분에 수록된 그리고 어느 관광가이드 여인의 한국인으로서 한국을 사랑하는 모습을 관찰하고 감동하는 모습도 참 좋았다.

'3부. 베트남 군생활·시'와 '4부. 베트남 군생활·일기'에서는 베트남 참전용사로서의 고민과 용기, 그리고 파란만장한 젊음을 잘 보여고 있다. 특히 「후광」 같은 글은 시로서 상당히 수준 높은 글이라고 보겠다. 그 젊은 나이에 그림을 그렇게 잘 그렸다는 사실이 또한 너무나 놀랍고 부럽다.

그리고 '5부. 각종 신문 잡지 기사'에서는 그동안 김제욱 작가가 낙농을 하면서 얼마나 열심히 살았으며, 선진 축산을 배우기 위해 연구 노력했는지 알 수 있다. 특히 '일본 연수기'는 연암 박지원 선생의 『열하일기』처럼 선진 축산 농가를 방문하면서 우리 것과 비교하면서 공부하려는 모습이 잘 나타나 있다.

이상에서처럼 김제욱의 첫 저서 『샘물처럼』을 전반적으로 훑어보았다. 칠십이 넘은 나이에 이런 글을 쓸 수 있다는 사실이 부럽다. 특히 축산 농가의 환경문제를 해결하며 깨끗하고 아름다운 농촌을 만들려는 의지에 너무나 큰 감동을 받았다. 그의 집 앞에는 옛날부터 마르지 않은 샘물이 있다. 그가 그곳에 집터를 정한 것도 그 샘물 때문이었고, 그 집터가 마르지 않는 화수분처럼 그를 성장시킨 것이다. 그는 자랑스러운 친구다. 좀 늦은 감은 있으나 그가 작가로 등단도 하고 책도 펴냈으니 끊임없이 창작하여 제2, 제3의 저서의 출간을 기대한다. 진심으로 축하한다.

2020년 여름

전 농림수산부 사무관 김 만 진

〈서문〉

진한 감동을 선사하는 글

김 순 진

　김제욱 작가는 필자와 같은 안산김씨요 같은 마을에서 태어난 선배이며 항렬로는 내가 아재비뻘이지만, 나이로는 큰댁형님과 동갑인 1945년생 해방둥이시다. 그는 현재 우리 안산김씨촌로공화수회 부회장을 맡아 수고하고 있다.
　김제욱 작가와 필자가 태어난 동네는 경기도 포천시 이동면 연곡4리로 마을 가운데에 3.8선 개울이 지나가는 지리적으로 매우 특별한 동네다. 옛날 6.25동란 전에는 북한의 공산통치를 받는 지역과 남한의 민주통치를 받는 지역으로 양분된 동네였지만, 7.27 휴전협정 이후에는 우리 대한민국 땅으로 민주주의의 고마움을 안고 살아가는 동네다.
　6.25전쟁이 발발한 동네이자 격전지였으므로 김제욱 작가가 태어날 때만 하더라도 우리 동네 사람들은 그야말로 초근목피로 연명하며, 보릿고개를 넘겨야 하는 마을이었다. 때문에 너나할 것 없이 끼니꺼리가 없이 가난했던 당시에는 날품팔이라도 해먹기 위해 서울로 무작정 상경을 하는 이주노동자들이 많은 시절이었고, 김제욱 작가의 집안도 예외는 아니었다.

그래서 김제욱 작가의 부모님 역시 서울로의 이주를 감행하였고, 김제욱 작가는 가난을 면하기 위하여 월남전 참전을 감행했던 것이다.

월남에서 돌아온 김제욱 작가는 서울살이를 청산하고 연곡4리 제비울의 장구산 자락인 산142번지에 자리를 잡고 젖소목장인 장구산목장을 시작한다. 그리고 지금은 대농이라 불릴 만큼 성공하여 주위로부터 부러움의 대상이 된다.

이렇듯 파란만장한 김제욱 작가의 수필은 체험을 바탕으로 가슴 훈훈한 이야기로 전개된다. 어릴 적 고향 포천 이동면에서 자라던 이야기와 월남전에 참전했던 이야기, 그리고 도시생활로부터 귀향하여 낙농목장의 주인으로 살면서 겪은 파란만장한 이야기를 가감 없이 현장감 있게 기록했기 때문에 읽는 사람으로 하여금 진한 감동과 카타르시스를 동반하게 한다. 게다가 그가 월남전에 참전하여 군대생활을 하며 직접 그린 삽화는 가히 무릎을 칠 정도다.

선천적인 예술성을 가졌던 그를 왜 이제야 발굴하게 되었는지 아쉬움이 남지만, 앞으로 그의 글과 그림을 대할 생각에 자못 설레기도 한다. 등단과 아울러 첫 수필집을 내는 김제욱 작가의 앞날에 무궁한 발전을 빈다.

2020년 여름

은평예총 회장 · 고려대 평생교육원 교수 김 순 진

차례

책을 펴내며 ········ 4

축사
최창근 / 포천향토문화사적연구소 소장 ········ 6
김만진 / 전 농림수산부 사무관 ········ 10

서문
김순진 / 고려대학교 평생교육원 교수 ········ 12

1부. 샘물처럼

1.4후퇴 ········ 20
고욤의 다람쥐 ········ 25
국가유공자 ········ 28
끓이리까 마시리까 ········ 30
낙농 ········ 32
둘래엄마 ········ 35
똥통 ········ 39
아내·1 ········ 41
아버지의 기일 ········ 45
샘물처럼 ········ 49
오두막과 호박덩굴 ········ 52
우리 집 수탉 ········ 55
추수의 즐거움 ········ 58
황제관광 ········ 61

2부. 이주를 결심하기까지

나이 ········ 66
신비의 세계 ········ 68
아내 · 4 ········ 71
파월하다 ········ 74
귀국 ········ 77
도시생활 ········ 79
이주를 결심하기까지 ········ 86
이주전야 ········ 89
시련 ········ 92
자식 ········ 96
봄 ········ 99
봉산댁 대부 ········ 101
후손들에게 ········ 104
일본 국적 어느 한국여인의 나라사랑 ········ 106

차례

3부. 베트남 군생활·시

그리움 ········ 114
멀어져가는 환상 ········ 115
후광 ········ 116
어느 날 석양 무렵 ········ 117
당신과 나 사이 ········ 118
어느 한 순간 ········ 119
만월 ········ 120
26번도로 ········ 121
매복 ········ 122
콩까이 눈 ········ 123
보내는 마음 ········ 124
별안간 ········ 125
사양 ········ 126
너에게 내 손을 보낸다 ········ 128
인곡 ········ 132
수감자 수칙 ········ 133
밤을 채색하는 화가처럼 ········ 135
별이 많다고 느낀 날 ········ 136
숱한 날을 망설임으로 ········ 138
에뜨랑제가 되어 ········ 140
기다림 ········ 144
어머니의 손길 같은 고요 ········ 145
월남어 시간 ········ 146

전지에서 따이한까지 ……… 147
낙엽 ……… 148
마지막 새벽안개 ……… 149
소낙비 ……… 150

4부. 베트남 군생활·일기

수십 대의 차량이 시동 거는 소리 ……… 152
소녀의 기도 ……… 153
3년이란 군생활 속에서 ……… 156
억수 ……… 157
비를 맞으며 ……… 158
바닷가에서 ……… 159
무제 ……… 162
The Sexual Revolution ……… 163
냉전의 바탕에서 일어난 도전과 응전 ……… 165
환송객들의 전송을 받으며 ……… 167
어수선한 소리에 ……… 171
육중하고 큰 배 ……… 175
선체가 지날 때마다 ……… 177
되풀이되는 생활 ……… 179
한가한 시간 ……… 181

차 례

5부. 각종 신문·잡지 기사

일본! 이길 수 있다(상) ········ 186
일본! 이길 수 있다(하) ········ 197
목장탐방 - 장구산목장 ········ 208
낙농우유산업의 신년 바람 ········ 215
농가부채와 환경단속 ········ 218
낙농현안에 대하여 ········ 222
50여종 꽃향기, 분뇨냄새 대신 '솔솔' ········ 227
보기 좋은 목장, 유량 많고 유질 좋다 ········ 230
전국의 목장이 모두 아름다워질 때까지 ········ 236
'착유실 폐수를 1급수로' 친환경농장 실현 앞장 ········ 245
젖소비육사양 성공사례담 ········ 247
생태식물이 오폐수를 살린다 ········ 253
대 가축 ········ 25
앞서가는 목장 - 경기도 포천시 장구산목장 ········ 266

1부 (수필)
샘물처럼

1.4후퇴

    1950년대 사람들은 피난살이에 찌든 식구들을 부추겨 너도 나도 고향 가면 '어떻게든 살아가겠지'라는 희망으로 불탔다. 하여 저마다 고향으로 돌아가 그을린 옛터에 곡식을 가꾸고 삶의 터전들을 마련했다.

    피난 중 식구들과 뿔뿔이 헤어졌다가 다시 만나 돌아온 분들, 또는 1.4후퇴 당시 포격에 식구를 잃은 이웃들……. 고통스럽고 떠올리고 싶지 않은 지난날이었지만 어쩌다 술자리 끝엔 곧잘 무용담 겸 살아온 이야기들이 아득히 먼 그때 상황을 연상케 한다.

    1.4후퇴 당시는 우리 안산김씨 촌로공회수회의 종손인 김제항 어른이 청방대장으로 있을 때였다. 우리 아버지도 김제항 어른과 뜻을 같이 하시는 바람에 피란 시기를 놓치게 되었다. 에에 어머니는 네 살 된 둘째를 업고 여섯 살 난 나를 걸리며 군내면 외갓집으로 피신했다. 그 후 아버지는 큰 어머니 식구들도 같이 모셔와 서둘러 피난길에 나섰던 것이다. 외할아버지는 왜정 때 면장님을 하셨던 분으로 인근에서도 소문난 분이셨다.

    20여 년 전 쯤 구제역으로 소를 묻고 어려울 때 위로 차 이진

호 군수님이 방문하셨는데, 위로의 말씀 끝에 "자네 외조부님이 호랑이 같이 엄하고 훌륭한 분인데 할아버지한테 혼도 난 적 있었다."고 "배움이 많았다."고 회상하신 모습이 기억난다.

부자가 망해도 3년은 간다는 속담이 있듯이 고래 등 같은 기와집과 안마당이 넓은 그런 집이었다. 외조부께서는 우리 모자를 같이 가야한다고 성화셨지만 어머니는 아버지 오실 거라는 기대를 저버리지 않고 기다리셨던 것이다.

셋째를 잉태하여 만삭에 가까운 몸을 이끌고 자식 둘을 거느리고 눈밭 길을 걸어가자니 다른 피난민들과 자꾸만 뒤떨어진다. 목이 마르면 길가 녹다 남은 눈덩이를 입에 물고 목마름을 견디는 동생은 더 어리니 아버지가 '업었다 내렸다'를 반복하셨다. 밤중 엄동설한에 집이라고 찾아드니 벌써 먼저 차지한 일행들이 불을 때고 따뜻한 방에 가득 차 있었는데, '어린애들만이라도 몸을 녹이게 해주세요.'라고 어머니가 사정을 해도 막무가내로 안 된다고 내친다.

할 수 없이 부모님은 아궁이 앞에 검불을 깔고 우리를 눕혀놓고 밤새 아궁이 초입에 모닥불을 피우며 밤을 지새웠고 새벽이 되자 다시 무거운 몸을 이끌고 남행길을 재촉했다. 불행 중 다행인 것은 외가댁에서 아버지를 기다리는 동안 어머니는 넉넉한 외가 살림에 남기고 간 쌀로 엿을 만들고 인절미 등을 마련해 피란을 준비하셨던 것이다.

대궐 터 같은 어느 큰 기와집에서 피난 보따리 풀고 가지고 가던 쌀로 끼니를 때운 후 잠자리에 들 무렵이었다. 요란한 대문 두드림에 놀래 잠을 깨보니 '쑤알라 쏼라' 알아듣지 못하는 고함소리가 들려왔다.

아버지는 "어이쿠 중공군이로구나!"하시면서 부랴부랴 짐보따리 속에 감춰두었던 태극기, 도민증(청방대원증) 등을 아궁이 속에 숨기셨다. 그리고 큰 아버지가 대문을 여셨다. 대여섯 명의 중공군이 따발총을 앞에 들고 총부리를 들이대면서 무어라 외치며 방에 몰아넣고 손을 뒤로 하게 하면서 몸수색과 보따리 등을 풀어헤쳤다. 아버지의 판단이 옳았었다는 것을 나중에야 느꼈다.

생전 처음 보는 중공군이 우리 국군 모습하고는 완전히 딴판이었다. 빵떡모자 같은 것을 눌러 대각선으로 둘러멘 모습들이 우스꽝스러우면서도 무서워 겁에 질려 쳐다볼 수가 없다.

이튿날 새벽 부산스러운 가운데 저들끼리 뭐라고 하더니 어젯밤 뒤지던 보따리 속에 들어있던 쌀을 뺏어다 여물가마솥에 물을 붓고 쌀을 넣은 뒤 끓는 대로 삽을 넣어 휘적거리며 젓고 있었다. 먼발치로 신기한 듯 보고 있는 나에게 손짓하며 아궁이 앞으로 오라는 것 같다. 겁이나 안 가려니까 "괜찮다"고 하시면서 큰아버지가 이끌어주신다. 나중에 들은 얘기지만 중공군들은 피난민을 함부로 죽이거나 못된 짓은 하지 않았다는 말을 들었다.

요강이랑 무슨 그릇에 죽을 담아서 퍼먹던 모습들이 지금도 눈에 선하다. 식사를 끝내고 우리 식구들 앞에 대장인 듯한 사람이 와서 손짓을 했다. 오던 길을 되돌아가라는 듯하다. 큰아버지가

알았다 하시면서 한 자로 돌아갈 테니 그리 알라고 써주셨더니 웃으면서 우리 일행을 대문 밖으로 내몰았다. 우리 일행은 문밖을 한참 나서 멀리 논두렁길을 따라 꾸역꾸역 열을 지어 남쪽으로 가고 있었다.

우리 식구들은 조치원까지 어렵게 왔는데 되돌릴 순 없었다. 멀리 산등에서 우리를 지켜보는 중공군이 두렵긴 하지만 서둘러 피난민 대열에 합류했다.

'우리가 너희의 고향을 평화롭게 해주었는데 왜 말 안 듣느냐?'며 공포탄을 쏘아댔다. 훗날 중공군과 글로 주고받으신 큰아버지 말씀이셨다.

우리 가족 피난살이의 종착지는 충북 청원군 문의면이었다. 같이 떠났던 아버지 삼총사이자 친지이신 대진 아저씨는 벌써 오래 전에 도착하여 궁여지책으로 길가에서 떡을 팔고 계셨다.

나는 학교 갈 나이가 돼 문의초등학교에 입학하여 다니고 있었다. 그러다 3학년 마칠 때 쯤 돌아오라는 고향친구 분들의 성화에 못 이겨 아버지는 귀향하기로 돌아가기로 결심을 굳히셨다. 그리하여 정들었던 고향으로 발길을 내딛었던 것이다.

　꿈에 그리던 고향, 수복 직후의 고향은 오히려 가난과 서글픔을 안겨준 시작의 서막이었다. 피난민이었지만 아버지는 성실, 근면한 성격 때문에 주위에 칭송받으시며 카바이트 공장을 운영하시며 한 푼 두 푼 열심히 모아 피난민 부자 소리까지 듣던 분이었다. 고향 사람들에게 보란 듯이 잘 살아보겠다던 아버지가 어머니는 장바구니 소매치기 사건으로 인해 하는 수 없이 귀향을 결정했고 그때부터 피눈물 나는 고향살이가 시작되었던 것이다. 지금 생각하면 다 지나간 얘기지만 부모님 두 분께서 얼마나 마음고생이 많으셨을까 짐작이 간다.

　그래도 알아주는 주민들의 성원에 수복직후 초창기 이동면사무소에서도 열심히 무보수로 일을 하셨고 연곡리 4개리의 통합 이장도 역임하시면서 봉사하신 분으로 기억을 해주시니 다행스럽고, 힘들었던 과거를 잊게 해준다.

고욤의 다람쥐

 권 씨는 포탄 탄피나 철근 쪼가리로 기구를 만들며 대장간을 운영하였다. 초등학교 육학년이었던 내 어린 눈에도 불에 달군 쇳덩이를 내려치고 두들기다보면 어느새 괭이와, 낫, 호미 등이 모습을 갖추어가는 과정이 신기하고 흥미로웠다
 권 씨는 나의 가까운 아저씨의 누님 되시는 분의 서방님이셨다. 나는 부모님이 시키는 대로 아주머니라고 부르며, 뵐 적마다 인사를 했다. 아주머니는 신기가 있는 분이어서 동네 잦은 대소사, 푸닥거리 잔병치레 등이 있으면 밥을 지어 소반 위에 무슨 나물 무친 거랑 부엌칼을 마당에 훌쩍 던지며 무어라고 웅얼웅얼 말씀하셨다. 그런데 용케도 배앓이 하던 뒤집 애랑 아낙들이 효험을 보곤 하였다.
 아주머니는 또래들 중에서 나를 더욱 살갑게 대해주셨다. 무슨 푸닥거리 등을 하려면 얇은 창호지에 산, 구름, 나무들을 대충 그려 붙이고 행사를 치르는데, 어떻게 아셨는지 내 조잡한 그림 솜씨를 여러 번 이용하셨다.
 나는 푸닥거리를 끝내고 나면 떡이나 과일 등 얻어먹는 재미에

그림을 그려드렸지만 처음엔 못한다고 안 한다고 꽁무니를 뺏다. 그러다 어머니의 추궁을 견디기 어려워지면 시키는 대로 흰 창호지 큰 폭에 서툰 솜씨로 산과, 구름 등을 그려드리곤 했다. 그러면 어머니는 옆에서 "옳지 그려. 잘한다"고 부추기곤 하셨다.

그 아주머니는 원래도 마른 편이셨지만 나름 남의 병을 고쳐주시고 하시던 분이 항상 배가 아프다고 하셨다. 우리 집에 오셔서 어머니한테 뱃속에 단단한 덩어리가 만져진다며 고통스러워하시는 걸 여러 번 보았다. 지금 생각하니 암에 걸리셨던 것 같다. 그 시절에는 무슨 병인지 모르고, 병원도 제대로 못 가보고 고생만 하다 돌아가신 분들이 많은 시절이었다. 결국 그 아주머니는 얼마 후 돌아가셨다.

개울 건너 윗동네에 권 씨 아저씨의 동생분이 사셨는데 갑순이 아버지이셨다. 태생이 그러신지 말씀하실 때면 남들이 잘 못 알아들을 경우가 자주 있었다. 그래서 지금까지도 동네 이야깃거리로 그분에 대한 일화가 남아있다.

한번은 갑순 아버지께서 산에 나무하러 가셨다. 그런데 다람쥐

한 마리가 참나무 위로 쏜살같이 올라갔다가 숨겨놓은 도토리 찾으러 내려오려는지 눈치 보며 살살 내려오다 인기척에 놀라 쏜살같이 올라가기를 반복하였나 보다. 갑순 아버지는 나무를 하느라 이마에 흐른 땀을 훔치며 다람쥐의 오르내리는 모양새를 쉬실 겸 보고 있으셨을 것이다.

그날 모든 일과를 마친 사람들은 저녁을 잡숫고 건넛마을의 권 씨네 사랑방에 모여앉아 이런 저런 말씀을 나누었다. 그 끝에 갑순 아버지가 "아, 글쎄 고염의 다람쥐가 참나무 위를 올라 갈만하면 내려오고 내려갈 만하면 올라가고 재미있어서 한참 구경했네."하시면서 무용담을 하셨다. 동네 분들이 대놓고 웃지는 못하고 실실거리며 뒤돌아보며 웃었다는 얘기가 지금까지도 가끔 입에 오르내리고 있다. 이제는 세월이 흘러 권 씨 아저씨와 아주머니, 그리고 갑순 아버지까지 오래전에 돌아가시고 그 자식들마저 팔십 너머 저 세상을 가셨으니 세월이 무상하기만 하다

그래도 평화롭던 동네 인심과, 그 시절 옛사람들이 더러 생각날 때가 있다.

국가유공자

 나는 국가유공자다. 120여 가구가 모여 사는 우리 부락엔 국가유공자라는 사람들이 여럿 있다. 나 또한 그중 한 사람이기도 하다.
 나는 군복무 시절 월남전에 참전했는데, 그 사람들에 대한 국가적 차원에서의 예우로 받게 된 명칭이다. 그 명목으로 얼마씩 지급되는 참전수당 또한 그 일환이라 할 수 있다. 고엽제 등급의 차등에 따라 지급되는 수당으로 액수는 몇 푼 안 되지만 목숨 걸고 애쓴 걸 나라가 알아주어 그 대가로 주어지는 것이므로 액수에 연연치 않는다. 국위선양이라는 이름으로 알아주는 것이므로 위로와 함께 조그만 자긍심을 갖기도 한다.

 그러나 참전자들의 모임

에 참석하는 사람들은 죽기 전에 받을 수 있을지 모를 전투수당에 대한 기대와 애착이 있다. 모두의 바램인 것 같다.

　통치자가 여러 번 바뀌었어도 약속한 전투수당은 감감무소식이다. 당시 파월 장병들에게 지급됐어야하는 목숨 값으로 고속도로, 제철소 건립 등에 투자하여 이만큼 나라가 발전하였다. 나라 살림이 점차 늘어 오늘날에 이르는 견인차 역할을 하였으나, 전투수당은 감감무소식이다. 베트남 참전자 모임에 부름을 받고 참석하는 7,80대의 참전자들은 죽기 전에 좋은 소식이 있으려나 기대하지만 '혹시나'가 '역시나'인 모임에서 매번 실망을 감추지 못한다. 가족들은 그 당시에 국가의 부름에 저 먼 타국 전쟁터에서 살아 돌아온 것만도 천행으로 고마워했지만, 그분들도 지금은 모두 안 계신다. 당사자들만이 늙고 병들어 하나 둘 사라져가고 있다.

　어쩌다 부여받은 국가유공자라는 별칭이지만 남아있는 자들의 자부심에 상처받지 않도록 정부의 배려가 없음을 아쉽게 생각한다.

끓이리까 마시리까

　우리 마을의 옹장골 야트막한 언덕 밑에 언제부터인가 오두막한 채가 있었다. 그 오두막에는 늙수그레한 부부가 살고 있었다.
　어디에서 살다 이곳으로 오게 됐는지 모르지만 부실한 살림살이에 추레한 입성으로 동네를 오가는 모습이 그들 삶의 고단함을 느끼게 해준다. 남의 집의 고장 난 연탄아궁이 등을 고쳐주고 농사일을 거들어주고 생활하는 것 같다.
　그 집 안사람도 동네 대소사에 발길을 하며 음식이랑 거둬가는 모양이다. 그런데 언제부터인가 마실 방에서 흘러나온 얘깃거리로 그들이 회자되기 시작했다. 두 내외가 막걸리를 즐겨 마시는가 보다. 하루는 아내가 어느 집 허드렛일을 도와주고, 건네준 농주 몇 잔에 좋은 기분으로 어스름해질 무렵 집엘 왔는데 영감이 먼저 와 있었다. 여자는 당연히 저녁밥을 지어 영감 밥상을 챙겨야 하는데 불을 피워 상차리기가 귀찮아졌다. 여자가 물었다.
　"영감 끓이리까? 마시리까?"
　"임자 맘대로 해"
　결국 그날 저녁은 끓이지 않고 마시는 걸로 끼니를 때웠다는 애

기다.

한두 번 있었던 일이 아니었나 보다. 그 여자는 귀찮을 때면 곧잘 써먹었으니 동네 소문이 나지 않을 리 없었겠지만 전해 내려오는 전설처럼 오랫동안 입에 오르내리고 있었다.

아마도 가는 곳마다 오래 살던 사람들이 아니었나 보다. 다른 곳에 가서도 또 다른 재밌는 신화를 남겼을 사람들 같다.

낙농

1985년도에 귀향하여 목장을 시작한지 어언 35년이라는 세월이 흘렀다. 돌이켜보면 힘들고 어려웠던 시절이었지만 귀향하길 잘했다. 적성에 맞는 일을 선택한 보람이 있었고, 적절한 시기에 아들에게 물려주어 기대에 부응하고 있는 현 상황이 스스로 대견스럽다.

나는 매제네 목장에서 소 키우는 방법을 배우고 익혀 제2의 인생을 설계했다. 그리고 암송아지 다섯 마리와 착유소 두 마리를 시작으로 꿈을 키워왔다. 이 소들은 나의 꿈과 희망을 안겨다줄 놈들이기에 정성과 애착으로 거두었다. 한두 마리 늘어나는 즐거움에 더욱 잘 보살펴야 한다는 일념으로 돌봤다. 얌전한 놈은 얌순이, 젖이 잘 나오는 놈은 짤순이, 동작이 느린 놈은 늘순이, 덤벙대고 나대는 놈은 덜순이 등으로 이름을 지어 불렀다.

좀 더 관심을 가지려고 스스로 다가갔지만 세월이 가면서 차츰 일이 힘들어지자 초심을 잃게 되었다. 말썽 부리는 놈에게 나도 모르게 큰 소리가 나오고 손찌검을 하는 모습을 뒤늦게 깨닫게 되었다.

　아마도 축산을 한 사람들이라면 대부분 해본 경험이었을 것이다. 이제 어쩔 수 없다고 일축한다. 숫자가 늘어나면 시설을 늘려야 되고 늘어난 만큼 관리가 어려워진다. 특히 처음 온 소를 다루기가 난감할 때가 많다. 생후 14~5개월에 수정하여 10달 후 분만을 하는데 유난히 까칠한 소들이 있다. 성격이 민감하고 나대는 소들이 성적이 좋은 것을 감안해 신경을 더 쓰게 된다.
　그 중에 특별한 놈이 있었다. 분만 후 첫 번째 우유를 짜는데 유두에 물린 착유기 이물감에 놀라 날뛰기 시작하더니 느닷없이 뒷발로 정강이 밑을 걷어차 털썩 주저앉았는데 일어설 수가 없다. 가까스로 추스르고 집사람을 의지해 차를 몰고 포천의 강병원으로 직행했다.

인대가 끊어져 약 2개월 동안 병원신세를 져야만 했다. 결국은 아까운 소지만 어쩔 수 없이 출하했다. 출하 과정에서도 까칠한 진면목을 유감없이 발휘했다. 지금도 얘깃거리가 되었지만 새벽 착유 시간이면 들리는 모 사료 회사 김 사장이 착유실 앞을 지나다 혼비백산 도망을 쳤다. 소 중개인이 끈을 들고 우사 안에서 붙잡으려 하자 당황한 소가 급한 김에 환기 창문으로 비호같이 뛰어 빠져나가고 말았다. 상상을 초월하는 광경이었다. 창틀의 사방 너비는 소가 작기는 해도 빠져나갈 공간은 아니었다. 지금도 그때의 일은 미스터리로 남아있다.

젖소 개량을 통해 전국에서도 아무개 목장하면 알아주는 단계에 왔을 때 구제역으로 인해 한국종축개량협회[1]에서도 인정하는 착유소[2] 30여 마리를 묻게 되었다. 목장을 접어야 하는가 보다 하고 집사람과 눈물을 글썽이던 때가 엊그제 같다.

우여곡절 끝에 지금의 목장을 이룬 것이다. 사연도 많았지만 후계를 갖추고 2세대인 장남이 더 큰 꿈을 안고 목장을 일구어나가니 우리 부부가 힘들었던 지난날들을 보상받는 거라고 생각한다.

---

1) 가축의 우량한 혈통을 보존·보급하여 형질의 개량과 능력을 향상시켜 생산성을 높임을 목적으로 1969년 5월 2일 설립된 대한민국 농림수산식품부 소관의 사단법인이다.
2) 젖 짜는 소

둘래 엄마

나는 그동안 지난한 삶을 살아온 과정에서 생명의 은인 한 분이 있다. 그 분은 큰어머니가 연곡3리 만가대에 사실 때 이웃에 사시기도 했던 분이시다. 그분은 어린 아들 딸 남매를 키우며 혼자 몸으로 남의 거친 일을 도와주며 어렵게 살아가고 있었다.

그런데 언제부터인지 우리 동네 아랫마을 똘똘이네 집 옆방에 이사 오셔서 살고 있었다. 훗날 들은 애기지만 그분이 의술에 능하다고들 말하였다. 급체한 사람, 일하다 다친 사람들을 간단한 처치로 치료해주었으나 주된 의술은 산파 역할이었던 것 같다. 옛날의 아낙들이야 거의 시어머니 또는 남편들의 도움으로 아기들을 낳았지만 시절이 변했다. 그 시절 마을에는 군인가족 또는 술집 아가씨들이 많던 시절이었다. 아무튼 그분은 큰 동네를 찾아 이사를 오셨다. 우리 부락의 입장에선 환영이었고 고마운 마음들을 가지고 있었다.

모내기철이 한창이던 어느 봄날이었다. 아침부터 내리기 시작한 비는 그칠 줄 몰랐다. 기다리던 단비였기에 모심기 때를 놓치지 않으려고 바삐들 서둘렀다.

　나는 군입대 영장을 받아놓은 시기였다. 품앗이로 아버지 대신 뒷둔지 병현 형님네 논에서 비를 맞으며 하루 종일 모를 냈다. 뒷둔지 논으로 저녁참이 나왔다. 우중이라 뜨끈하게 끓여 내온 칼국수와 함께 막걸리를 곁들였는데 뱃속이 영 심상치 않다. 종일 맞은 비에는 장사가 없었다. 우비를 걸쳤어도 찬비를 종일 맞은 데에다 구부리고 일을 해 아마도 탈이 난 것 같다.
　일을 마치고 집으로 돌아온 후에도 계속 통증으로 견딜 수 없다. 결국 유 씨네 가게에서 활명수를 사다 먹었지만 별 차도가 없다. 아버지는 권 씨네로 뛰어가서 양귀비대를 얻어다 삶아 마시게 했으나 큰 효력이 없었다. 밤 열두시가 넘어 새벽이 되도록 뒷간과 요강을 타고 앓으며 멀건 물 설사만 밤새 쏟았다. 부모님들도 보통 배앓이가 아닌 것을 감지하신 것 같다.

그때 어머니가 얼핏 생각나신 분이 둘래 엄마였다. "그분이 용하다는데"하시며 새벽 3시 넘어 곤히 잠들어 있을 둘래 엄마를 앞세워 달려오셨다. 얼마나 고통스런 통증이었는지 나는 칼로 뱃속의 것을 다 비워내고 싶다고 울부짖었다. 한걸음에 달려온 그분은 나에 팔을 걷어붙이시며 잠깐 진맥을 하시더니 심각한 표정으로 아버지께 말했다. "너무 오래 지체돼 시간이 없어요."라며 급하게 주사약 이름과 함께 메모를 해주시며 아버지를 일동으로 내모셨다.

마침 일동 시내엔 인근 부대 군의관으로 퇴임하셨던 큰 외삼촌이 치과를 개업하고 계셨다. 인근의 군부대 차를 타고 급히 달려가 외삼촌께 사실을 말했다. 아버지는 외삼촌이 챙겨준 약을 갖고 숨 돌릴 사이 없이 달려오셨다. 이름 모를 조그만 병의 주사약과 주사기를 건네받은 둘래 엄마는 재빠르게 연거푸 세 대의 주사바늘을 내 궁둥이에 꽂아 넣었다. 나는 거의 실신 상태였다. 주사바늘을 타고 살 속으로 파고드는 순간으로부터 차츰 통증이 사라지기 시작하더니 얼마 후 씻은 듯이 아픔이 없어졌다. 뱃속에 못된 균이 삽시간에 증식돼 하마터면 큰일을 당할 뻔하였던 것이다.

평소에는 어쩌다 한 번씩 뵙던 분이었지만 그렇게 의술이 뛰어난 훌륭한 분이신 줄 몰랐다. 나중에 들은 이야기지만 그분은 일본에서 낳고 자란 분이셨다. 한국인과 일본인 사이에서 태어났으며 높은 학교는 못 나왔지만 평소 의학에 관심이 많아 독학으로 그 많은 의술을 익힌 분이라 했다.

 그 후 나는 건강한 몸으로 군에 입대해 월남을 다녀와 그분을 찾으니 안계셨다. 아마도 그때 그 분의 도움을 받지 않았다면 나는 지금 없었을 지도 모른다.

 창신동 달동네 높은 곳에 위치한 곳에서 남묘호랑계교에 전념하시며 그곳 신앙의 요람인 일본을 오가며 여생을 보내신다고 하셨다. 모처럼 찾아뵙고 지난날에 고마움을 전하였으나 묵묵히 하시던 말씀이 생각난다.

 "피차 어려웠던 시절 만난 인연이었으니 좋은 추억으로 간직하겠다."

 그 말이 지금도 가끔 기억에 떠오른다. 참 고마우신 분이다.

똥통

연곡리(燕谷里)라는 지명을 가지고 있는 우리 부락은 말 그대로 제비둥지 같은 모양의 마을이다.

오순도순 살아가는 사람들 중에는 군부대에서 장기복무를 하다 퇴역한 부사관 출신들이 지금까지도 인맥을 유지하며 살아가고 있다. 수복 직후 어려웠던 시절, 그들은 주민들 사이에 선망의 대상이었던 때가 있었다. 병사들이 배정된 급식의 양을 못 채우던 시절이었다. 세월이 바뀌면서 군대의 질서가 잡히고 국가로부터의 지원이 원활함에 옛 이야기가 되어버렸다. 제대 후 눌러앉아 제2의 고향이 되어버린 그들도 농토를 장만하고 가축을 기르면서 삶을 이어갔다.

우리 윗동네에 ○○댁이라고 집안의 대부[3] 뻘 되는 양주[4]분과 큰아드님 내외분이 사셨다. 소싯적부터 농사에 내력이 있으셔서 다른 농가들에 비해 온갖 농기구 등을 갖추고 농토를 가꾸셨다. 그 시절엔 도리깨, 인분통, 호미, 가래 등 빌려다 쓰는 사람이 많았다.

---

[3] 같은 집안의 할아버지 항렬을 높여 부르는 말
[4] 웃어른 부부를 높여 부르는 말.

대부되시는 분은 요즘 말로 까칠한 성격으로 이웃과 잘 융화하지 못하였다. 때문에 사람들은 그 대부에게 함부로 농기구를 빌려 달라는 말을 주저하였다. 어느 날 아버지가 인분을 밭으로 내기 위해 똥통과 바가지를 빌려다 쓴 적이 있다. 똥통 언저리에 "○○댁"이라고 쓰여 있었다. 나는 잘 쓰고 가져다드려야 된다는 아버지 말씀이 생각났다. 인분 내는 일을 마치신 후 아버지는 통을 깨끗이 씻어서 마르라고 가지런히 놓아두었지만 웬일인지 놓아둔 통이 보이질 않았다.

그런데 양주댁 마당 쪽에서 통 두드리는 소리와 함께 야단을 치는 고함소리가 들려왔다. 셋째 동생이 학교에 다녀와 책보를 내던지고 장난기가 동했던가 보다. 달려가 보니 동생은 똥통을 끌고 다니면서 "똥통도 ○○댁, 오줌통은 ○○댁"하며 가는 나뭇가지로 두드리고 있었다. 칠남매 중 셋째동생은 엉뚱한 면이 있다. 그래서 형제간에도 하는 짓이 뚱딴지같다고 늘 말하곤 했다.

"네 이놈 통 다 찌그러진다."고 하시며 호통을 치시던 양주댁 대부의 모습이 지금도 생각난다.

아내 · 1

나는 처남이 된 박창순과 직장 동료로 그의 주선으로 여동생을 소개받아 아내와 첫 대면을 하게 되었다. 이름은 박인순, 처음 본 순간 이름이 풍기는 이미지와 비슷하다고 느껴졌다. 온순하고 착해보였다. 상당히 마른 체격에 어느 구석 성깔도 있겠다 싶었다.

우연히 걸어가는 뒷모습을 보니 꽤 세련돼 보였다. 그런데 종아리가 보통 사람보다 가늘어 보였다. 그래도 좋아서 자꾸 만나다보니 결혼애기가 오갔으나, 칠남매 장남인 내 처지가 걸림돌이 되었다.

장모님은 6.25전쟁 통에 홀로 남매를 데리고 원산에서 배타고 월남한 분이셨다. 생활력 강하고 엄한 분위기의 장모님으로선 시집보낼 딸의 고생이 눈에 선하니 못마땅해 하셨다. 어머니로서는 당연한 걱정이었지만 나는 야속했다. 당사자인 본인도 그 부분이 걱정인 모양이다. 나는 직장 따라 분가해 살겠다면서 장모님을 설득했다. 매제가 될 사람의 품성을 좋게 본 처남의 도움으로 결혼이 성사되었다.

그렇지만 우리 부모님께는 죄스러웠다. 나의 분가는 장남에 거는 기대에 찬물을 끼얹은 형국으로 못내 아쉬워 하셨다.

특히 어머니께 죄송했다. 장남에 의존하시는 어머니의 마음 이해한다. 어머니는 전쟁터에 나간 큰아들의 무사 귀환을 위해 하루도 빠짐없이 이웃 보살댁의 부처님 앞에서 얼마나 애태우시며 지극 정성기도 하셨는지 알 수 있었다.

그렇지만 나는 살다 보면 그땐 그랬으려니 할 때가 오리라 자위했다. 우리는 경상도 마산, 전라도 광주 등을 넘나들며 막연한 희망을 안고 살아가고 있었다. 그러던 중 두 딸 중 하나를 잃고 망연자실해야 했다. 또한 큰애가 마당에서 놀던 애들과 한집에 사는 현우와 함께 밖으로 나가 돌아오지 않아 애태우던 일은 지금도 가슴을 쓸어내리게 한다.

적성에 맞지 않는 직장 때문에 도시생활을 뒤로 하고 과감히 귀향을 결심했으나 아내의 적극적인 반대로 곤경에 처했었다. 그렇지만 송충이는 솔잎을 먹고 살아야 한다는 나의 신념은 변함이 없었다. 객지에서 부모 잘못으로 자식을 잃은 것 같은 어미의 심정이 이해가 간다. 병원이 멀고 학교가 멀어 환경이 열악할 것을 걱정하는 것도 이해가 되었다. 그렇지만 "힘들고 어려운 일은 내가 다 할 테니 옆에 있어만 주면 된다."며 끈질긴 설득과 희망을 심어주는 감언이설로 결심하게 만들었다.

그런데 막상 닥쳐보니 그게 아니었다. 소 한 마리 돼지 몇 마리 키우던 옛날 시절의 상황이 아니었다. 낙농이란 끊임없이 움직여 소를 살피며 우분을 치고 풀을 베고, 축사를 손질해야 하는 일이

었다. 한 마리씩 늘어가는 만큼 심신은 더욱 고되어졌다.

북 치고 장구치고 꽹과리까지 두드리며 안간힘을 쓰는 남편을 보다 못한 아내가 팔을 걷어붙였다. 처음 해보는 시골 생활이라 처음 무얼 어떻게 도와야 될지 몰라 당황했으나 세월이 가고 목장이 틀을 잡혀갈 때쯤 아내는 훌륭한 목부(牧夫)가 되어 있었다.

처음 이삿짐을 내리던 날 이웃이 될 여인들이 아내를 보고 "저 여린 몸으로 견뎌낼까?"하고 수근댔었지만 그때가 먼 옛날이 돼버렸다.

내가 '축협 이사'다, '낙우회장'입네 하고 수시로 목장을 비우면 그 힘든 일은 모두 다 집사람 몫이었다. 자라면서 주위로부터 곱단 말을 많이 들었다는 아내의 말에 나는 실소하면서 인정했었다.

그런 아내의 모습은 차츰 주름이 잡혀갔다. 얼굴에 기미가 끼는 모습도 보인다. 안쓰러운 마음 없지 않으나 '고생한다. 고맙다. 미안하다'는 말을 못했다. 태생이 뚝발이 근성에 욱하는 성격 때문에 살가운 말 한 마디해주지 못해 스스로 아쉽다. 우리 세대 사람들이 대부분 그러하지만 나는 한 수 더 뜬다. 그러나 속마음은 그렇지 않다는 것을 아내도 어느 정도는 인정한다. 표현이 문제다.

나이 들어 함께 늙어가지만 그래도 아직 우리 마누라 어디같이 나들이 다녀도 떳떳할 만한 외모라 자부한다. 몇 년 전 모임에 한 후배가 듣기 좋으라고 한 소리겠지만 "형수님은 이조시대 여인 같이 완전한 동양 미인이다."라며 추켜세울 땐 마음 한 구석이 흐뭇하기도 하다.

이제 더 많이 나이 먹기 전에 여행이라도 자주 다녀야겠다. 지난 날 너무 많이 고생시킨 보상도 해야겠지만……. 몇 년 전 목장을 넘겨준 아들, 그리고 딸들이 제 어미를 신주 모시듯 잘들 하니 부러울 게 없다. 나는 아내와 함께 손주들 건강하게 커가는 모습을 지켜보며 남은여생을 보람 있고 즐겁게 살아갈 것이다.

아버지의 기일

 1960년대 초 어려웠던 시절, 논마지기나 있고 선대로부터 물려받은 밭뙈기라도 있는 집들이 어깨 힘주며 거들먹거렸지만, 소작을 하거나 고작 다랑이 논을 개간해 짓는 집들이 많았다. 그런 가난한 집일수록 형제들이 많았다. 근방에는 오륙 남매 아니 칠남매를 거느린 집들이 꽤 있었다.
 1.4후퇴 때 우리 식구들은 포천 이동면에서 저 먼 곳 충북 청원군까지 피난을 갔었다. 근근이 타향살이에 돈을 모아 고향으로 오기로 했다. 고향으로 오는 길에 서울 먼 친척 집에 잠시 며칠 기거하였다.
 그런 노정에 살림살이 장만하려고 똘똘 뭉쳐 잘 간직한다며 삐삐선5)으로 만든 시장 가방에 든 돈을 몽땅 소매치기 당했다. 그래서 빈손으로 귀향하신 부모님들이 얼마나 노심초사 하시고 황당하셨겠나? 지금도 생각하면 아득했던 상황이 연상된다.
 이곳저곳 군부대가 주둔하고 있어 그들을 상대로 밀주를 만들어 연명하는 사람, 탄피 등 고물을 주워 끼니를 연명하는 이들도 있

---
5) 군용 전화선

었다. 7남매 장남인 나는 초등학교 5~6학년부터 지게를 지고 나무하고 꼴 베고 어머니 물 길어드리고 나름 열심히 집안일을 도왔다.

여러 식구가 배 안 곯으려면 무엇이든 해야 했다. 아버지가 물려받은 밭뙈기 하나 없다보니 소작에 장리쌀로 한 해를 넘기면 그 장리쌀을 갚지 못하고 그대로 이자로 남아있거나 더 늘어나는 현상이 반복되었다. 밀기울개떡6), 조당숙7), 고구마, 감자가 주식이었지만, 그것도 배불리 먹지 못했다.

20리 길인 통학길, 버스비가 없어 나이 많은 동급생에게 가방을 맡기고 뛰어서 비가 오나 눈이 오나 뛰어 학교를 가다보니 단골 지각생이었다. 어쩌다 늦어서 버스를 타게 되면 오리 알 두 알을 호주머니에서 꺼내 차비대신 차장에게 쥐어주며 도망가기도 했다.

---

6) 밀껍질로 만든 개떡
7) 좁쌀로 쑨 죽

먼저 언급했듯이 수복 후 잘못 판단으로 고향 찾은 부모님 때문에 온 식구가 힘들던 때였다. 군 입대 전 청소년기에 너무 많은 어려운 일을 겪으면서 나는 농촌에 회의를 느꼈었다. 무언가 변화가 있어야 했다.

그래서 군 입대 후 제대 1년을 남기고 월남 파병을 결심했다. 장남으로서 집안의 위치와 앞날을 내다볼 때 희망이 없어 보였다. 내 한 몸 참전해서 전투수당으로 송금하면 도움이 될 것 같고 만약에 전사하면 식구들은 앞으로의 삶에 어떤 계기가 될 것 같았다.

그리고 1년 동안 월남 파병 군생활을 했다. 고국을 떠나올 때가 엊그제 같은데 귀국선이 꿈에도 그리던 고국에 닿아있었다. 갑판 위에서 내려다본 광경에 얼떨떨했다. 까맣게 내려다보이는 땅 끝에 서서 장대를 높이 들고 아래위로 흔드는데 그 끝에는 이름 모를 전우들의 이름들이 우후죽순 펄럭이고 있었다.

혹시나 하는 마음에 이름들을 살펴보았다. "어……. 김제욱!" 내 이름이 장대 끝에 매달려 위아래로 움직이는 것이 확실히 보였다. 차근차근 배에서 내려다보니 아, 아버지가 두 손으로 장대를 치켜들고 무어라 외쳐대고 있었다. 반가움과 감동으로 목이 메었다. 잠시 마음을 진정시킨 후 두 손을 나팔처럼 모아 "아버지, 저 살아 돌아왔어요."하고 크게 외쳤다. 어렴풋이 큰아들 얼굴이 보이셨나 보다. 장대 든 손을 더 높이 치켜드시면서 겅중겅중 뛰신다. 지금 글을 쓰는 이 순간 오십년이 지났지만 기억이 너무도 생생하다. 어머니보다 훨씬 먼저 저세상으로 가신 아버지! 눈물이 흐른다.

아버지, 저세상에서도 그날의 감격스러움을 잊지 않으셨겠지요. 아버지의 명복을 빕니다. 삼년 전에 어머니도 떠나셨어요. 지난날 아버지께 만족할만한 효도를 못해드린 것 같아 죄송합니다. 저도 이제 팔십을 바라보는 나이가 되었군요.

살아생전에 하신말씀 항상 기억하고 있습니다. 죽어서 땅에 묻히는 순간 네 윗사람 친구 아랫사람들이 말하길 '저 사람 생전에 꽤 괜찮았던 사람이었어.'라는 말 한 마디가 '네 인생이 살아온 날을 평가받는 순간이다.'라는 말씀 잊지 않고 남에게 손가락질 당하지 않게 살다 가려고 항상 염두에 두고 있습니다. 비록 자식들에게 남겨주신 재산은 없었지만 올바르게 살라고 하셨지요.

아버지가 안 계신 오늘날에도 지금도 연로하신 분들이지만 저를 보면 얘기하십니다. '아버지는 법 없이도 사실분이셨다.'고요. 이젠 저도 지난 날 많은 일들을 겪기도 하고 고생도 했지만, 지금은 두 딸들 시집 가 잘 살고 아들 녀석은 제 사업을 이어받아 손색없이 운영을 잘하고 있습니다.

그리고 생전에 제일 안쓰럽게 생각해주시고 챙겨주시던 아내도 큰 질병 없이 해로하고 있습니다. 필을 들다보니 두서없는 말들이 있었던 것 같습니다. 아버지 기일에 즈음하여 몇 자 적어봅니다. 아버지 사랑합니다.

샘물처럼

그 옛날 후고구려 궁예의 부인 강 씨가 피신해 살았었다는 강씨봉 산줄기와 국망봉 사이에 펼쳐진 산자락 끝에 위치한 장구산이 우리 식구가 살아가는 삶의 터전이다.

젖소 비육소를 사육하여 가게를 꾸려나가고 개, 닭, 오리, 양봉을 틈틈이 돌보며 살아가고 있다. 이 자리에 정착한지 어언 30년째이지만 꿈에라도 이곳을 떠나고 싶지 않은 곳이다.

그 가장 큰 이유는 사시사철 줄지 않는 맑은 샘물이 있기 때문이다. 자랑삼아 얘기하는 이 샘물이 언제부터 자리하고 있었는지는 잘 모르겠지만 지난 어려웠던 청년시절 나뭇짐을 받쳐 놓고 흐르는 땀을 닦으면서 엎드려 벌컥벌컥 들이키던 샘물이다. 그 덕택에 허기진 배도 달래주던 고마운 샘물로 기억된다. 어찌나 물이 차가운지 손을 담그면 저려서 오래 있지를 못한다. 또한 신기한 것은 겨울이면 김이 무럭무럭 피어오르는 미지근한 물로 변한다는 사실이다. 땅 속에서 솟아오르는 물은 아닐 테고 계곡을 타고 내려오다 돌서렁으로 스며들어 이곳까지 이어진 것이 아닌가 생각한다. 물맛 좋은 것이 알려져 먼 곳에서도 찾아와 떠간다. 어느 누가 말하기를 송어양식에 적온이라는 말을 듣고 몇 마리 사다가 놓아주었더니 언제부터 알을 낳아 부화되었는지 송사리만한 치어들이 엄청 많이 생겨나 있었다. 알맞은 수온이라서인지 자연부화 되었던 것이다.

　오래전 샘터 주위에는 무성한 갈대와 잡목 그리고 바윗돌만이 여기저기 흩어져 있었는데 생각지도 않은 머루, 다래 넝쿨이 어우러져 가을이면 상당히 많은 열매를 따게 된다. 수확 시기에 맞춰 친척이라도 찾아오면 술 담그라고 따주기도 한다. 너무 무성하게 뻗어나간 가지를 정리하여 파이프로 받쳐주고 그 옆에 정자를 지어놓았더니 그럴듯한 분위기를 연출한다. 이제는 근방에서 꽤 알려진 명소자리로 알려져 있다.

　그 전엔 나무꾼들의 쉼터였으나 요즈음은 등산객이나 나물꾼들의 휴식처 노릇을 톡톡히 한다.

　"거참 부럽습니다. 이런 좋은 곳에서 사시다니요?"
　"예, 한 오백년 살려고 터를 단단히 잡았습니다."
　"도시인들에겐 선망의 대상입니다."
　"한 오백년 몰라도 건강은 하시겠습니다."
　"예, 제가 갑신 생인데 제 나이를 잘 안보더군요? 아마 좋은 환경과 깨끗한 물 때문이 아닌가 생각합니다."

　지금도 김을 매다 땀이 비 오듯 해 갈증이 나면 바가지로 퍼 마시는 게 아니라 엎드려서 옛날 하던 버릇대로 다리를 쭉 뻗고 흐르는 물에 입을 대고 쭉 들이킨다. 왠지 그러고 싶다. 좀 더 자연

에 가깝게 동화되려는 가슴 밑바닥에서 우러나오는 충정 때문일 것이다.

 우리는 흔히 산 좋고 물 좋은 곳을 명당이고 한다. 위로 국망봉이 우뚝 솟아있는 광주산맥이 구름과 같이 흐르고, 집 앞에는 사시사철 줄지 않고 흘러나오는 샘이 있으니 아마도 우리 가족이 최고의 명당자리에 살고 있는 것이 아닌가 하는 생각이 든다.

 예로부터 상선약수라 했다. "가장 좋은 것은 물과 같다."는 뜻으로 '자신의 몸을 낮추어 겸손하며 남에게 이로움을 주는 삶'을 비유하는 말이다. 날마다 솟아나는 샘물을 보면서 나는 생각한다. 나는 과연 상선약수와 같이 최선을 다해 살고 있는가, 내 몸을 낮춰 남에게 이로운 사람인가?

오두막 호박넝쿨

　살아오면서 주위 사람들을 둘러보면 저마다 타고난 성격과 신체 조건 집안내력, 부모로부터 물려받은 여러 인자들이 어려서부터 자신도 모르게 표출되어 "큰 애는 아버지를 닮았다."든가 또는 할아버지 닮은 어느 모습을 엿보곤 한다. 6.25가 발발하던 전후 부락 가운데를 흐르는 하천을 중심으로 남과 북을 갈라놓는 38선 팻말이 존재했었다. 같은 이웃이었던 사람, 멀고도 가까운 친척이 하루아침에 사상이라는 미명 아래 개울을 사이에 두고 서로 반목했던 비운의 역사 현장이기도 했다.

　어두운 초저녁 길을 아버지가 여섯 살 장남을 앞세우고 사당말 아저씨네 집으로 가던 논둑길에서 발걸음을 재촉하셨다. 그때 느닷없는 따콩 소리에 놀란 아버지가 내 손목을 잡으려고 내달으시다 아연실색하셨다.

　총알 맞은 짐승처럼 아들이 데굴데굴 굴러가고 있었으니 얼마나 혼비백산하셨을까? 어린 나는 총소릴 들음과 동시에 누가 시킨 것도 아닌데 원초적인 위기의식과 동시에 본능적으로 내뛰면서 굴렀던 것이다.

뒤따라 허겁지겁 달려오신 아버지가 겁먹은 눈으로 누워있는 나를 일으켜 세우셨다. 여러 바퀴를 굴러 떨어진지라 얼떨떨한 나를 지켜본 후 "괜찮으냐."하시며 얼굴 등을 어루만져 주셨다. 그때의 주위 여건이 종종 총소리가 나던 암울했던 시기였다.

아버지가 장남이었던 큰아들 때문에 또 한 번 내보이고 싶지 않은 눈물을 흘리신 사건이 있었다.

6.25가 터지면서 소달구지에 살림도구를 싣고 떠나는 사람 보따리 등을 지게에 지고 피난을 가던 사람들……. 나는 많은 인파에 휩쓸려 울며 길을 헤매었다. 마침 작은 외할아버지가 나를 알아보고 수레에 태우고 떠나려할 때 아버지가 이리저리 헤매며 찾으시다 합류하게 되었다. 뒤늦게 따라오신 어머니와 둘째 동생도 만나게 되었다.

몇날 며칠을 피난민 따라 도착한 곳은 우리 시골에선 보지 못하던 토마토, 양배추가 심겨진 밭들이 펼쳐져 있었다. 나중에 안 이야기지만 한강변까지 오게 되었던 것이다. 버리고 간 야채와 과일 등이 끼니에 보탬이 되었을 것이다.

각자 흩어져 피난길을 재촉하던 중 멀리서 호주기(쌕쌕이) 소리가 들려오더니 둔덕 너머 멀지 않은 곳에서 폭탄 터지는 소리가 들려왔다. 아버지와 어머니 손을 잡고 걷던 중 순식간에 일어난 일이었다. 마침 호박덩굴이 우거진 오솔길 사이로 다 쓰러져가는

오두막이 보였다.

느닷없는 포탄이 어디에 떨어질지 모르는 상황에서 부모님은 오두막을 향해 냅다 뛰어 오두막에 이르렀으나 두 아들의 손을 놓아버린 후였기에 어쩔 줄 몰라 하시며 오던 길을 쳐다보니 신통하게도 큰 애가 작은 애 손목을 꼭 잡더니 우거진 호박 넝쿨 속으로 엎드려 기어들어가는 모습을 지켜보셨나 보다.

부모님은 훗날 그 얘기는 안 하셨다. 속으로 '큰애는 좀 별난 구석이 있는 놈이다.'라고 생각하셨을 것이다. 나의 어린 생각에도 어떤 위기의식을 느끼면 대처하는 내 몸 속에 어떤 인자가 작동하였을 것이다.

다 지나간 어린 시절 사건들이지만 이젠 인생비망록의 한 줄이 되었다.

우리 집 수탉

농촌에 뜻을 두어 몸담고 살아가게 되면 우선 논, 밭 전지와 적당한 거처를 마련하는 게 순서일 것이다. 때론 축산을 전문으로 하는 사업 목적으로 터를 잡는 이도 있다. 그러나 어느 것을 전제로 하더라도 푸성귀를 심어 자급할 수 있는 텃밭과 강아지 한두 마리 그리고 닭 몇 마리 키워 유정란을 맛볼 수 있기를 희망한다. 나 또한 그런 작은 소망으로부터 예외일 수 없었다. 그것은 농촌에 살고 싶어 하는 의미 중에 빼놓을 수 없는 행복 조건이기도 하기 때문이다. 스스로 가꾸고 키워서 식구들의 건강과, 거두어 느끼는 보람을 소중하게 생각하기 때문이다.

어린 병아리 20여 마리를 사서 정성들여 보살피며 약 병아리 정도 되면 제 똥께는 털어낸 셈이다. 알 낳을 수 있는 어미 닭 조건을 갖추었다는 얘기다. 그러나 살아있는 짐승을 키운다는 게 쉬운 일은 아니다. 어느 날 키우고 있던 말티즈 한 마리가 어느 틈에 닭장 안에 들어가 이리 뛰고 저리 뛰며 병아리들을 물어 죽이고 있었다.

하얀 복실개가 눈알이 새빨개 가지고 쫓아다니며 도살하는 모습은 귀여운 악마 같았다. 어렵사리 날뛰는 놈을 움켜쥐었으나 여기저기 죽어 널브러진 병아리가 아홉 마리나 되었다. 남은 병아리가 알을 낳을 때쯤 닭들에게 수난이 또 닥쳤다.

산과 이웃해 주택과 닭장이 자리 잡고 있기 때문에 주위에는 멧돼지, 고라니들이 수시로 출몰한다. 그래서 나는 대형견(진돗개, 리트리버) 2마리를 입식해 키우고 있다. 새벽 아침 일을 끝내고 닭 모이를 주려고 문을 열어보니 닭털들이 온통 날려있고 큰 닭 세 마리가 벼슬이 시퍼런 채 눈을 감고 죽어있었다. 한 마리씩 쳐들고 살펴보니 목줄기 밑에 이빨자국이 선명하다. 족제비의 짓이 틀림 없다. 가끔 닭장 주위를 맴돌던 놈이다. 망을 세심히 살펴보니 구석 틈새가 조금 난 곳을 이빨로 뜯어내 구멍을 넓혀 그리로 들어온 것이다.

죽여만 놓고 덩치가 크니 끌고 나가지는 못한다. 담비나 족제비 등은 알려진 대로 1급 포획자인 것이 여실히 증명됐다. 병아리 때부터 천신만고 끝에 살아남은 암탉 4마리, 수탉 1마리가 지금은 추수하며 짜낸 들기름을 두른 채 계란프라이 반찬 등을 챙겨주고 있다.

어느 날 물을 갈아주고 야채 부스러기, 사료를 주다가 깜짝 놀랄 사실을 발견했다. 사실 수탉의 일과란 새벽에 시간을 알리고 무정란의 달걀을 유정란으로 둔갑시켜주는 역할인 것 만으로만 알았다.

놀라운 사실은 남의 집 닭은 어떤지 몰라도 다름 아닌 먹이를

줄 때면 한결같이 수탉은 제가 대장이고 가장이건만 먼저 먹는 것을 못 보았다는 것이다. 인간사회에서의 식탁예절하고는 아주 다른 행동거지를 하는 것이다.

위엄 있는 벼슬과 눈, 부리를 아래위로 흔들며 "꾸꾸꾹~ 꾸꾸꾹"을 연발하며 모여드는 암탉들에게 머리를 주억거린다.

어서 먼저 먹으라는 것이다. 4마리의 암탉들이 앞 다투어 쪼아 먹는 것을 확인하고서야 먹이를 삼키는 것이었다.

'비록 짐승이지만 배울 점이 있구나.' 생각했다. 많은 인간들이 우선 나부터 챙기고 내 것부터 챙긴다. 수탉을 보고 반성하게 된다. 나는 가장이라는 미명 아래 늘 먼저 챙김을 받아왔다. 집사람은 무엇이든 나를 먼저 챙겨주었는데 나는 그동안 살아오면서 어떠하였나? 돌이켜보게 된다.

친목계 모임에서 지나가는 말로 수탉의 됨됨이를 설파하였으니 다들 놀란다. 키워본 사람들도 관찰하며 본 적이 없었기 때문이다.

추수의 즐거움

늦은 가을 추수를 끝낸 중장년 마을 분들이 허수환 씨네 집, 넓은 앞마당에 화톳불을 피워놓고 꽹가리를 두드리며 흥겹게 마당을 이리저리 왔다 갔다 하며 농상기[8] 연습에 열중했다. 이른 저녁밥을 먹은 또래 친구들이 괜히 신이나 손발을 까불거리며 마당 주위를 맴돈다. 초등학교 아래 파출소 뒤쪽, 거둬드린 논배미를 고르는 작업하는 모습이 등하굣길에 눈에 띄었는데 왜 그러는지 의아했었다.

나중에 알았지만 이동면 부락단위 농상기 챔피언쟁탈전이 열린다는 것이었다. 힘들었던 일 년 농사를 끝내고 내년에도 열심히 하며 풍년을 이루자는 취지의 면 부락단위 예술 행사였다. 아버지가 연곡 4개리 이장을 맡아보시던 시기였으므로 더욱 바쁘게 연습하는 마당에 안줏거리와 막걸리 등 준비하시느라 애쓰셨다.

그때 나는 초등학교 6학년이었다. 먼저 작고한 영채 조카님 아버지이신 제천 씨의 상쇠 두드리는 소리에 맞춰 지금은 팔십 중반

---

8) 농악놀이에 쓰이는 악기 통칭

이 되어버리신 병현 형님, 돌아가신 희성 형님, 그리고 상진 아저씨 등이 두 손을 치켜들며 좌우로 흔들면서 열심히 연습하시던 모습들이 눈에 선하다. 일원들 중 제일 신기한 모습으로 눈에 돋보이든 분이 계셨는데 만가대에 사시는 기자항렬의 대부이셨다. 고깔머리 끝에 매달은 열두 발의 하얗고 긴 꼬리를 가락에 맞춰 서서히 돌기 시작하면 어느새 대부의 몸은 하늘 날듯이 두 손을 등에 올린 채 마당 전체를 휘어잡고 돌아치곤 하였다. 열두 발 상모를 돌리는 것이다. 어린 마음에도 신비롭고 존경스러웠다. 또한 힘 좋은 어느 분의 어깨에 무동을 한 그 위에 다시 무동을 탄 그 위에서 중심을 잡으며 춤을 추던 상진 아저씨가 그렇게 자랑스러울 수가 없었다.

　그렇게 다른 부락에서 연습을 거듭하던 끝에 드디어 단합된 모습과 흥겨운 가락과 장단으로 순위를 가릴 날이 다가왔다. 오전 수업만을 마친 학생들을 인솔해가는 선생님들의 발걸음도 가벼워 보였다. 순서에 따라 북과 꽹과리 등을 두드리며 그동안 갈고 닦은 실력을 유감없이 보여주고 있었다.

　동네에서 틈틈이 엿보며 신나게 구경하던 모습이 떠올라 다른 부락 팀들의 실력에 주목하였으나, 신나고 흥겨움이 못 미치는 것 같았다. 우리 동네 팀이 언제 나오나 궁금해 할 때 조금 떨어진 곳으로부터 경쾌한 상쇠 소리에 맞춰 '농자천하지대본(農者天下之大本)'이란 깃발을 높이 들고 피리소리 울리며 둥둥 북소리까지 어우러지며 우리 마을 연곡리 팀이 입장하고 있었다.

　온몸을 들뜨게 하는 장단과 분위기에 온 경기장은 들썩이기 시작했다. 어른 아이 할 것 없이 우리 팀의 가락이 잦아질 때까지 흥겨움을 잃지 않았다. 어린 마음에도 우리 동네 농악팀이 최고였다. 결과는 1등이었다. 늦은 저녁에 상품과 자랑스러움을 모두 안은 채 마을까지 기쁨과 환호의 행진이 이어졌다.

　이튿날 돼지 잡고 푸짐하게 장만한 음식으로 잔치가 벌어졌다. 그 바람에 약주 좋아하시는 아버지가 며칠간 기분 좋은 날을 보내셨던 생각이 난다.

황제관광

 웬만하면 누구나 해외여행 한두 번, 국내 관광지 등 알려진 곳을 다녀왔을 것이다. 나 또한 동남아를 비롯해 서유럽 등을 단체 모임을 통해서 참여한 경험이 있다.
 그런데 최근 특별한 여행을 하게 되었다. 해랑열차관광 여행을 하게 된 동기는 집사람 생일과 내 생일이 한 달 차이로 비슷한 시기인 것도 있지만 아무튼 내 생일 날짜를 전후해서 아들이 인터넷을 뒤져 예약을 하게 된 것이다.
 지난 날 칠십 년대 중반 마산과 광주를 직장으로 옮겨 생활할 때 곧잘 경부선 호남선을 이용했던 향수 어린 기억이 있어 기차여행을 꿈꿔왔던 것은 사실이다.
 해랑관광열차의 연혁은 십년이 좀 넘었다 한다. 같이 동승한 육십칠 명의 일행 중 해랑이라는 관광상품이 있었다는 것을 아는 사람이 별로 없었다. 침대칸이 따로 있고 객실 내 휴게 공간 또는 마음껏 먹고 마실 수 있는 시설이 마련돼 있어 자유롭게 주류와 음료를 가져다 먹을 수 있었다. 침대에 편히 누워도 보고 앉아도 보면서 밖을 구경하는 것이 처음 겪어보는 것이라선지 신기하기도 하고 편안한 자유로움을 느끼게 한다.

　승객들을 모아놓고 열차 여행을 하게 된 동기를 한 사람마다 발표하는 시간을 가졌다. 일행들의 처지가 다양했다. 자식들이 부모님의 기념일을 계기로 효도관광 오신 분이 제일 많았으며 손주 셋을 데리고 오신 할머니 오십대 아버지와 아들과의 정겨운 모습, 어떤 집은 5학년 아들의 꿈이 열차 기관사가 꿈이란다. 대화를 나

뉘보니 기차에 대한 열정과 상식이 대단했다.

　큰며느리, 작은며느리가 시어머니 모시고 참여한 일행은 기억에 오래 남을 것 같다. 여 승무원들의 살갑고 친절한 서비스는 모두 백점을 주는 것 같았다.

　마지막 날 모두 모여서 퀴즈 게임에 이어 마무리 여정 중 설문지를 배포해 읽어 보았다. 순천을 거쳐 부산, 경주, 정동진, 동해, 태백을 거치는 동안 보고 느낀 생각을 정리하는 시간이었다.

　바다에 크루즈 여행을 연상하는……. 지상크루즈를 온 듯한, 처지에 부담되는 액수이기는 했다. 자식들이 권유해서이지 스스로 부담하는 상품은 좀 망설여진다는 연령대들이 많았다.

　아무튼 2박 3일의 일정은 대체로 만족스러운 것이었다. 처음 코레일에서 발주하게 된 동기가 88올림픽을 기해서 이북과 중국을 거쳐 유라시아를 운행 목표로 제작한 것이라니 앞을 내다본 좋은 계획이라는 생각도 들었다.

2부 (수필)

이주를 결심하기까지

나이

 사람들은 대부분 스스로는 나이를 먹지 않았다고 여기는데 현실은 그렇지를 못하다. 나 또한 그렇다. 낙농을 하는 회원들 중 같은 면 단위에선 내가 가장 고령에 속한다. 축산계 모임에 가도 마찬가지다. 30대 중반에서 40대 초반이 주종을 이루고 있으니 그럴 만도 하다. 그러나 나의 사회활동, 젖소 키우는 일 등은 젊은 사람들의 패기를 무색하게 한다. 그들에게 뒤지지 않으려고 배가의 노력을 하는 것 또한 부인할 수 없다. 그 때문인지 같은 유업체에 납유하는 농가들 중 제일 성적이 우수해 선망의 대상이 되고 있다.
 우리 목장에서 생산하는 원유가 국내에서 제일 고품질에 속하는 우유이기에 자부심도 갖는다. 그러나 목표를 달성하기까지 얼마나 많은 노력과 재산손실을 감수해야 했는가? 생각하면 정말 힘겨웠던 시간들이었다.
 체세포 수가 유난히 많은 몇 마리 소들로 인해 전체 평균 등급이 못 미치는 까닭으로 싼 고깃소로 처분해야 하는 고통을 감수해야 했다. 고품질도 좋지만 안 되겠다 싶어 포기하고 싶은 충동을

여러 번 넘겼다.

　세균수를 줄이기 위해 우사 바닥을 소독하고 기계를 손질하느라 심혈을 기울였으며 유두를 닦느라 깨끗한 타월을 수 없이 갈아치워야 했다. 부단한 노력으로 애쓴 결과 국제기준치보다 훨씬 앞서는 쾌거를 이뤘다.

　나는 체세포 수 10만대, 세균 수 3,500마리, 지방 3.6 SNF 8.8 등의 평가에서 모두 특등급을 받는다. kg당 730원이면 일반 우유 등급보다 200 정도를 더 받는 셈이다. 고름 우유파동으로 실추된 낙농인들 자존심의 승리라고 외치고 싶다. 물론 그 이면에는 아내의 협조와 유업체 지도, 그리고 직원들의 헌신적인 홍보활동이 큰 역할을 한 것 같다.

신비의 세계

 전날 밤 잠자리에 들기 전 머리맡에 맞춰둔 자명종 소리에 머리를 들어 눈을 비비며 시계를 바라보니 어김없이 다섯 시를 가리키고 있다. 이불자락을 박차고 일어나지 못한 채 이 순간 이후에 해야 할 일들을 떠올리며 급하게 화장실로 달려간다. 항상 놓아두는 곳에서 축산신문을 집어 들어 이리저리 훑어보다 젖소에 대한 정보가 없나 하다가 "아차! 어제 오후 6시경 24호란 놈이 마지막으로 승가"하던 것을 기억해냈다. 인공수정을 끝내고 마당 가운데 버티고 서서 맨손체조를 하기 위해 민둥산 봉우리를 바라보았다.
 전날 비가 온 탓인지 유월의 푸르름이 상큼 다가온다. 그야말로 싱싱한 아침세상이라는 단어가 어울리는 상쾌한 아침이다. 체조를 마치고 파이프라인 기계를 작동시킨 후 고정시켜놓은 MBC 라디오를 들으면서 착유를 시작한다. 항상 들어도 싫지 않은 진행자 김나운 양의 낭랑하고 때 묻지 않은 목소리와 박무일 씨의 은근한 억양과 노련한 말솜씨가 조화를 이루면서 싱싱한 아침세상이 펼쳐진다. 참으로 좋은 방송이다. 한낮에 방송되는 '싱글벙글쇼' 다음으로 애청하는 프로다.

함께 생각해볼 수 있는 사연과 정보, 짜임새가 재미로움을 더하게 하여준다. 사실 지금 이글을 쓰게 된 동기도 김나운 양이 진행하는 프로그램에 참여하고 싶어서였다. 착유를 마치고 소를 내몰며 밖을 내다보니 쾌청했던 온누리가 달라져있다.

안개와 같은 엷은 구름이 아랫동네를 삼켜버리고 크고 작은 금주산 봉우리들만 모습을 조금씩 드러낸 채 광활한 호수를 창출해내고 있었다. 내가 무엇을 착각하고 있나······. 다시 찬찬히 좌우를 살펴보니 지대가 높은 곳이기에 내가 서있는 여기만 남겨두고 모두 물에 잠겨 버린 것 같은 기분이다.

오묘한 자연의 신비로움이 연출된 것이다. 한편의 동양화를 옮겨 놓은 것도 같다. 한참을 넋 없이 바라보다 나 혼자보기는 너무 아깝다 싶어 집안에서 아침식사 준비를 하고 있는 아내를 다급히 불러 재꼈다.

"여보! 빨리 좀 나와 봐." 수돗물 틀어놓은 소리에 잘못 들었는지 별 반응이 없다. "아 빨리 좀 나와 보라니깐" 크게 외치니 그제야 "왜 그래요? 무슨 일 있어요?"하며 급하게 뛰쳐나온다. 젖소에 별안간 무슨 일이 생겼거나 무슨 급한 일이 생겼을 때 부르던 버릇 때문에 조금 놀란 모양이다.

"저 아래 좀 내려다 봐. 정말 근사하지?"

"뭐가 보인다고 그래요? 아무것도 안 보이는데……."

언뜻 보면 아무것도 안 보이는 것 같다.

그러나 이내 무엇인가를 감지한 집사람도 탄성을 토해낸다.

"아아, 정말 아름답다. 이런 광경 생전 처음이야."

소녀처럼 상기된 아내의 감정이 싱그럽다.

아내 · 2

아내에 대해서 얘기 좀 해야겠다.

아내는 없는 살림에 시집 온 후 줄곧 찌든 살림을 도맡아 해왔다. 집안 살림에 대해선 의식적으로 관심을 안 쏟고 모른 척 해온 내 잘못도 있다. 매달 수입에 비해 지출이 턱 없이 많을 때가 있다. 사료 값, 적금, 학비를 제하면 빠듯한데 우사시설을 자꾸만 보완해 나가는데 문제가 있는 것이다. 불어나는 두수에 비해 시설이 못 미치니 투자를 안 할 수가 없다.

내가 제일 싫어하는 아내의 잔소리는 바로 "해마다 공사를 끊임없이 한다"는 것이다. 목부를 두고 편하게 경영하는 것이 아니기에 노동력을 절감키 위해 어쩔 수 없이 일을 벌이곤 하는 것이다.

나라는 사람은 숫자에 대한 개념이 부족하다. 아내가 물건을 사오라든지 적금을 붓고 오라고하면 나중에 계산을 맞춰보면 번번이 착오가 난다. 계산하고 따지는 것이 왠지 싫다. "모든 계산은 당신이 다해. 나는 관심 없으니까."

친구 중에 우리하곤 정반대인 생활을 하는 친구가 있다. 경제권을 친구가 쥐고 있으면서 부인에게 생활비를 계산해서 타 쓰게 하니 친구 부인의 불만이 이만저만이 아닌 것 같다. 그로인해 티격태격 부부싸움을 종종 하는 모양이다. "야~. 미친놈아 인심 잃고 골치 아픈 짓거리를 왜? 사서해?"라고 핀잔을 주지만 아직도 그 집 제도는 변함이 없는 것 같다.

  집사람은 가끔 하는 얘기 중에 "그래도 당신 직장생활 할 때가 좋았어요."라고 한다. 하긴 허구한 날 얼굴을 마주하고 같은 일을 반복하니 새로운 재미는 없을 것이다. 그런데다 툭하면 언성을 높이는 남편이 마땅치 않을 때도 있을 것이다. 아내에겐 시골이라는 단어 자체가 전혀 무관했던 사람이다.

일사후퇴 때 갓난아기로 원산서 피난 와 대전서 자리를 잡고 유년시절을 보냈으며 커서도 농촌하고는 거리가 먼 서울생활을 하다 인연이 닿아 결혼을 하게 된 것이다. 훌륭한 혼처도 마다하고 나에게 시집 와 시집식구들에 적응하며 신앙까지 바꾸지 않았던가? 아내에겐 못할 짓을 많이 해 항상 미안하고 고마운 생각이 늘 가슴 한 켠에 자리 잡고 있다.

아무튼 도시를 떠나 농촌에 정착하기까지 우여곡절도 많이 겪었고 갈등 또한 대단했었다. 어려운 살림에 자식들 공부시키랴 부모, 형제 건사하랴, 맏며느리로서의 의무 또한 무시 못 할 짐이었지만 잘 견디고 지혜롭게 살림을 꾸려와 주었다. 아직도 넉넉지 못한 생활이지만 남들은 말한다. 성희네는 부부가 정이 많고 애들 착하고 아주 행복한 모범가정이라고. 또한 부잣집 소리도 듣지만 아직 그렇지는 못하다. 땅 몇 천 평에 젖소 삼십 마리, 비육소 스물다섯 마리일 뿐이다.

남이야 무어라던 무슨 상관인가? 하늘을 우러러 한 점 부끄러움 없는 가운데 자연 속에 묻혀 후회 없는 인생을 살면 되었지 않는가? 지나친 욕심 안내고 현실에 만족하며 살아가면 그것이 바로 성공적인 인생을 사는 것이라고 생각해본다.

파월하다

 군사령부로부터 차출 명령을 받은 후 일주일간 특별휴가를 얻어 부모님을 찾아뵈었다. 검게 그을린 얼굴에 주름살이 늘어만 가는 아버지가 딱해보였다. 차마 월남가기로 했다는 말씀을 드릴 수가 없었다. 유격 훈련장인 오음리에서 훈련을 받던 중 면회를 왔다는 통보를 받고 달려 나가보니 큰어머니와 어머니가 조그만 보통이를 들고 기다리고 계셨다. 식구들이 전혀 모르게 훈련을 마치고 출국하려 했는데 의외였다.
 "아니, 어떻게 알고 이 먼 곳을 찾아오셨어요?"
 "네가 애길 안했어도 부대에서 연락이 와 부랴부랴 큰엄마하고 같이 왔다."
 "기왕 떠나기로 작정하였으니 어쩔 수 없구나. 부디 몸조심하고 잘 다녀와야 한다." 큰어머니께서 한 말씀 하시고 두 분 다 눈시울을 적시신다.
 "너무 염려 마세요. 다들 갔다 오는데요. 저라고 별일 있겠어요."
 훈련을 끝내고 열차에 몸을 실었다. 승전을 기약하고 신고식을 마친 후 배에 승선하였다. 배웅 나온 인파와 군악대의 전송곡에 이어 소리 없이 움직이더니 점차로 사람들이 멀어지며 아주 보이지 않게 되었다. 두 눈에선 눈물이 줄줄 흘러내린다. 오륙도를 돌아 선회하며 마지막 뱃고동이 울릴 땐 너나 할 것 없이 온통 울음바다로 변하고 있었다. 다시 못 돌아올 것 같은 감정이 복받쳐 오른 것이다.

같이 떠났던 전우가 전사하여 못 돌아온 게 못내 가슴 아프다. 그 무더운 정글에서 적과 싸우며 전우애를 실감했던가.

몸이 아프거나 부상을 당했어도 제일 가깝게 있어야할 부모, 형제는 없는 것이다. 오직 전우만이 유일한 믿음이며 분신과 같은 것이다.

우리나라와 같이 남북이 갈려 휴전선이 있는 것도 아니어서 위험이 항상 뒤따르는 그러한 전쟁터였다. 반면 야자수 그늘 밑에서 이오자이를 입은 아가씨들과 대화를 나누는 낭만도 있었다. 농촌 들녘엔 한가로이 풀을 뜯는 물소 떼가 전쟁을 하는 나라로 여겨지지 않는다. 촌놈이라서인지 제일 부러운 게 벼농사였다. 따뜻한 기후의 영향으로 먼저 심은 논에서 벼이삭이 고개를 숙이고 바로 밑에 위치한 논은 한 뼘쯤 자란 풍경이 신기하다. 우리 농촌이 이럴 수 있다면 양식 걱정은 하지 않아도 될 터인데…….

귀국

죽을 고비를 여러 번 넘기고 귀국하여 전역신고를 마치었다. 십자성 하늘 아래서 고향 쪽을 생각하며 꿈을 꾸던 내 부모 내 형제가 반가이 맞아주었다.

무사히 돌아오게 해달라고 부처님께 날이면 날마다 축원하신 어머니 정성으로 돌아오게 된 것으로 믿는다. 더욱 감격스러웠던 것은 매달 송금한 돈을 그 어려움 속에도 한 푼도 축내지 않고 큰아들 돌아올 날만을 기다려 주신 갸륵한 부모님의 결심이었습니다. 귀국선에 싣고 온 박스 속에든 물건을 처분한 돈을 합치면 그때 돈으로 서울에다 허름한 집 한 채를 살 돈이었다.

  먹을 것이 없어 밀기울 개떡으로 끼니를 때우고 조당수로 헛헛한 배를 채워야 했던 그 시절을 생각하면 금의환향인 셈이었다. 결국은 시골생활을 청산하고 상경하여 직장생활을 시작하였지만 지금에 와 생각하면 그때 잘못된 판단이었음을 후회하게 된다. 땅에다 투자하고 열심히 가꾸었으면 지금쯤 꽤 많은 재산을 소유하게 되었을 것이다. 지겨웠던 지난날이 너무 싫어 식구들을 이끌고 떠났던 것이 큰 실수였다. 나 혼자만이라도 깨닫고 뒤늦게나마 다시 돌아와 시작한 것이 얼마나 다행스러운지 모른다.

도시생활

1969년 군에서 제대를 하고 약 한달 쯤 농사일을 돕고 있을 무렵 생각지도 않은 사람의 방문을 받게 된다. 우리 집에 세 들어 살던 병기중대 중대장의 부인이었다. 소문에 듣기론 예편하여 서울에서 무슨 사업을 한다고 들었는데 나를 찾아오다니 의외였다. 말을 들어보니 광동제약 십전대보탕 경옥고 등 한약을 떼어다 외판원을 두고 사업을 하는데 수금사원이 필요하다는 것이다.

지난날 우리가족과 한 식구처럼 스스럼없이 지내면서 우리 가풍과 나에 대한 인식이 좋았던가 보다. 우연한 기회에 우리 소식을 물었다가 나의 전역소식을 듣고 한달음에 찾아온 것이다. 때맞춰 잘됐다 싶었다. 그렇지 않아도 어떻게 하면 도시로 나갈까 궁리하고 있던 때였으니 말이다.

첫 단추를 잘 끼워야 된다는 옛말이 있듯이 그렇듯 단추를 끼웠지만 만족스런 직장이 못되었다. 오라는 데는 없어도 끊임없이 방문하여 수금을 해야 하는 일상생활이 싫증이 났다. 우물을 파도 한 우물을 파야한다는 선인들의 논리가 나에게는 성립되지 않는 것 같았다. 뭔가 내일을 기약할 수 있는 비전이 없다.

그 무렵 처남은 관광호텔 오락실에서 영업부장을 하고 있었다. 나에 처지를 잘 알고 있는 처남이 주선하여 직장을 옮기기로 작정하였다. 강제로 뺏는 것은 아니지만 어쨌든 남의 주머니에서 돈을 빼내야 하는 직종인 것 같아 씁쓰름하다.

호기심과 두려움이 머릿속을 어지럽힌다. 마산시 중앙주차장 옆에 인근 해있는 크지 않은 가게였다. 안에 설치한 기계들이 낯선 장승을 연상하듯 양쪽에 늘어서있다. 합숙소를 정하고 식당을 살펴본 후 이튿날부터 본격적인 영업에 돌입했다.

손님한테 받은 돈을 플라스틱 용기에 담아 조그만 구멍으로 들이밀며 삼천하고 소리치면 안에서 케샤가 얼른 코인을 내어민다. 얼른 손님에게 갖다 주고 열심히 손잡이를 당기고 있는 손님 곁을 맴돌며 빠른 동작으로 움직이면서 홀맨으로서의 직분을 유감없이

발휘해야한다.

"드르륵 좔좔, 드르륵 좔좔."

여기저기서 나는 소리에 반정신이 나간 상태다. 미스터 한이 외치는 "잭팟" 소리에 정신을 차리고 다음 동작을 취한다. 빌보드에 그려진 그림을 아직 다 숙지하지 못한 때문에 그리고 용기가 나지 않아 "잭팟" 복창은 자신이 없다. 어떻게 하루가 갔는지 모를 정도로 시간은 흘렀고 온몸이 파김치가 돼 주저앉고 말았다.

직장을 청소하고 숙소에 들어와 자리에 누우니 피곤한 가운데도 걱정이 태산 같다. 굳은 각오를 하고 내려왔는데 영 배겨낼 것 같지 않다. 더욱 걱정되는 것은 많은 사람 앞에서 "잭팟"을 크게 외쳐야 하는데 그것이 제일 걱정이다. 기어들어가는 소리로 외치다 지배인에게 핀잔을 들어가며 몇 날을 지내니 그럭저럭 적응돼있는 내 모습을 발견한다. 나이 많은 티를 내지 않으려고 다른 직원들보다 몰래 먼저 나가 말끔히 청소하고 열심히 "잭팟"을 외쳐보고 "빌보드"보고 계산하는 방법 등을 확실하게 익혀두었다.

여기서 주저앉으면 나는 인생의 낙오자다. 스스로를 채찍질하며 열심히 노력한 덕분에 사장님으로부터 인정을 받아 직급이 오르고 수당도 오르게 되었다. 어린 딸과 아내도 보고 싶고 또 같이 살아야 될 것 같아 사글세 단칸방을 얻어놓고 아내를 내려오게 하였다.

경상도 사람들은 화끈한 기질이 있고 뒤끝은 없어 개성 있는 사람들이 많은데 성질 하난 못 말린다. 돈이 좀 털린다 싶으면 기계를 주먹으로 탕탕 치며 "쌩~, 약발 올리나?" 고래고래 소리친다. 돈 잃은 사람을 다룬다는 게 보통 힘든 일이 아니다. 마산 생활에 익숙해져 있을 무렵 전라도 광주로 발령이 났다. 관광호텔로 갈 것이라더니 마산서와 똑같은 토끼잡이 오락기였다. 광주의 명동이라 일컫는 충장로 복판에 위치한 그곳 업소 사장님은 대머리가 홀딱 벗겨진 사람이었는데 공무원 생활을 하다 정년을 맞아 이 사업에 손을 대고 있는 것 같았다.

영업부장 임무를 수행하며 그곳 손님들과 접촉을 해보니 아주 점잖은 신사요 멋쟁이들이 많았다. 돈을 잃어도 마산 사람들처럼 열 받지 않고 게임에 몰두 하는 게 수상쩍었다.

여기 사람들 "꼬라지"가 있다고 하던데 그렇지 않은가? 근무하는 동안 별 일 없이 잘 넘겼으면 좋겠다. 볼일이 있어 거리를 걷노라면 마주오던 젊은이가 머리를 꾸벅하며 "형님 어디가세요" 하며 지나친다. 충장로 바닥에서 좀 논다는 친구들인데 악의 없이 업소에 들리면 용돈 정도 타가는 사람들이다. 나이가 많거나 직급이 높거나 자기보다 나이가 위인 듯하면 무조건 형님이다. 처음엔 거부감을 느꼈으나 습관처럼 하는 말이라 그러려니 치부하고 만다.

처음 이 직장에 뛰어들었을 때는 절박한 현실에 무엇이든 해야 된다는 강박관념 때문에 뛰어들긴 했으나 오래 몸담을 직장이 못 되는 구나 적당한 시기에 발을 빼야 하는 생각을 더해가고 있었다.

오락실 운영 출자금 1%의 주주가 된 후 꽤 괜찮은 수입 때문에 미련을 버리지 못하고 있었다. "호사다마"라고 물질적으로 여유를 찾고 있을 때 내 가정에는 검은 구름이 드리워져 가고 있었다. 두 딸 중 한 애가 세상을 등지고 말았다. 한참 재롱을 떨며 귀여움을 독차지하던 애였기에 더욱 충격이 컸다.

아이엄마는 반은 미쳐있었다. 몇날 며칠을 울며 식사를 않는다.

이러다간 아내가 잘못될 것 같아 처제를 불러와 당분간 같이 있게 하였으나 소용없는 일이었다. 언니가 보이지 않는다고 연락이 오면 가슴이 덜컹 내려앉는다. 짚이는 데가 있어 공동묘지로 한달음에 달려가 보면 애 무덤에 엎드려 울고 있곤 했다. 억지로 일으켜 세워 달래며 내려온다.

"여보! 이러다간 뭔 일 나겠어. 제발 정신 좀 차려. 명이 그 뿐이다. 일찍 간 걸 이제 무슨 소용이 있어. 첫째, 둘째가 있으니 그 애들한테 신경 좀 써줘. 나도 더 이상 못 견디겠어. 그리고 하루 빨리 이곳을 떠나도록 하자구."

간절한 나의 애원에 공감을 하는 것 같았다. 편모슬하에 다만 남매로 외롭게 자란 탓인지 아내는 자식에 대한 애정이 병적으로 강했다. 자식이 자라서 부모가 돼 봐야 부모 심정을 안다더니 참으로 그런 것 같다. 열 손가락 깨물어 안 아픈 손가락 없다고 했듯이 칠남매를 키우시느라 고생하신 부모님이 보고 싶다.

전쟁터에서 마지막 숨을 거둘 때 찾는 대상이 어머니가 아니던가? 월남 참전 시 느꼈던 감정이 되살아남은 어쩔 수 없는 일이었다. 광주에 내려온 지 1년 반인데 그동안 "네 살짜리 큰딸이 안집 아이와 집을 나가 애태우던 일, 나 또한 장티프스에 걸려 고생하던 일, 맹장수술" 등 인생의 쓴맛을 여러 번 경험하게 된다.

여기는 우리 식구에 맞지 않는 곳이구나. 그럼 이곳을 뜨자. 결정적인 계기가 된 것은 무당 비슷하게 아는 소리를 하는 사람이 대주 되시는 분 사주에 이곳이 삼살방이란다. 그 소리를 들은 이

후 하루라도 빨리 옮기고 싶은 생각이 굴뚝같았다. 그럴 즈음 일이 되느라고 처남이 인천에다 업소를 하나 내기로 했으니 지배인으로 가라하기에 미련 없이 부랴부랴 광주를 떠나고 말았다.

　지금 생각해보면 내 인생에 크나 큰 전환점이었던 것 같다. 고통을 받은 만큼 스스로 성숙하는 계기가 됐고 주위를 돌아볼 줄 아는 안목도 생겨난 것 같다. 결혼 초 신접살림 한 적이 있는 인천으로 돌아오니 고향에 온 것 같은 기분이다. 실상 고향이 가까워져 있으니 더욱 그러했다. 그리고 더더욱 의미가 있는 것은 본의든 타의든 인천에 온 이후 얼마 안 돼 오락실 생활을 청산하게 된 데 있다. 직업에 귀천이 없다고는 하나 늘상 떳떳치 못한 직장이기에 편치 않은 세월을 살아온 것이 있다.

　그 무렵 "슬롯머신" 오락실 모두 검찰로부터 철퇴를 맞은 것이다.

이주를 결심하기까지

꿈을 꾸면 먼 옛날 내가 정들어 살던 초가집이 떠오르고 외양간에 메어둔 황소의 울음소리가 귓가에 맴돌곤 하였다. 술이라도 한 잔 걸쳤을 땐 더욱 그러했다. 찢어지게 못살아 고구마로 끼니를 때우고 시래기죽으로 배를 채우던 그 시절이 무에 그리 그리운지 알다가도 모를 일이었다. 그러던 어느 날 결정적인 계기로 결심을 굳히게 되었다.

양주시 회천면 이 씨 문중으로 시집간 누이동생네 집을 방문하고 부터였다. 소운동장 여기저기에는 그 큰 눈을 껌벅이면서 누운 채 되새김을 하는 젖소들이 군데군데 흩어져 있었다. 그런데 그중 몸집이 작은 편에 속하는 놈이 저보다 한참 큰 소잔등을 자꾸 기어오르고 있었다.

"햐~, 저놈은 묘한 짓거리를 하고 있네."

열심히 눈여겨보고 있는 내 곁으로 매제가 다가와 한마디 건넨다.

"발정이 와서 승가하고 있는 거예요."

"승가가 뭔데?"

"아~, 빨리 시집 보내달라고 보채는 거라니까요."

웃으면서 일러준다.

마지막 승가 후 10시간 좀 지나면 수정을 시켜야 한다고 한다. 우사 주위를 한 바퀴 돌고 안으로 들어가 차를 마시며 물었다.

"나 직장 그만두고 소 한번 키워볼까 하는데 할 수 있을까?"

"형님 괜히 나중에 후회하지 말고 신중히 생각해서 결정해야 돼요."

옆에 앉아 듣고 있던 아내가 눈치를 보다 한마디 한다.

"직장생활 그렇게 지겨워하더니 정말 마음 굳혔나베."

맛있게 점심을 먹고 집밖으로 나와 골짜기 위쪽을 쳐다보니 내가 살던 고향 산세와 비슷한 모습을 하고 있었다.

"내 다음 올 때는 결판을 내고 올 테니까 구체적으로 외논 좀 하자구."

"큰오빠는 부지런 하시니까 잘할 수 있을 거예요."

동생이 마음을 굳히게끔 부추겨준다.

동생네 식구들을 뒤로하고 버스 정류장을 향해 걸으면서도 상념에 사로잡혀 무언가 자꾸만 골똘히 생각하게 한다.

송아지를 몇 마리 살 것인가? 구입하게 되면 어디다 키울 것인가? 그래, 목부 노릇을 해서라도 매제한테 일을 배우자. 경운기 운전도 꼭 배워둬야 될 것 같다. 우선 송아지를 몇 마리 사서 경험을 쌓도록 하자. 똥개떨이 병치레 안하게 되면 그때 고향으로 가는 거다. 머릿속은 바쁘게 움직이고 있었다.

이주전야

1984년 봄, 동생네 집에 얹혀살면서 송아지 다섯 마리를 입식하였다. 본격적인 목부생활이 시작된 것이다. 풀 베어다 먹여주고 소똥 치우며 일하는 조건으로 송아지 사료는 대주기로 약속했다.

십년도 더 지난 낫질 솜씨지만 옛 솜씨가 되살아났다. 매제와 같이 경운기 끌고 풀을 베러 가면 실력이 내가 앞섰다. 희망을 안고 하는 일이라서인지 힘이 솟는다. 처음 만져보는 일륜손수레라서 중심이 흔들려 중간에 소똥을 쏟기도 했다. 이 모두가 훗날 내 사업의 기틀을 다지기 위한 시련이려니 여기니 힘든 줄 몰랐다. 매제가 보이지 않을 땐 부드럽게 좋은 풀은 골라다 우리 송아지에 갖다 준다. 정성을 기울인 탓인지 이웃 목장에 같이 입식한 송아지보다 크고 윤이 났다. 동생이 꼼꼼히 경험했던 것들을 일러주는데 큰 도움이 되었다. 6개월 동안 소 관리하는 방법, 젖 짜는 요령, 주사 놓는 방법, 모두가 나에게는 산 교훈이요 진리였다.

고향으로 옮길 때 같이 가기로 한 아내가 열흘에 한번 씩 바다가재와 게, 생선 등을 사가지고 온다. 그날은 같은 목장을 하는 매제 친구들과 술 파티가 벌어지는 날이다. 자연스럽게 한 순배씩

잔을 돌리며 낙농에 관한 일반 상식이며 주의해야 할 점 등을 묻곤 하였다.

"진수 외삼촌은 의욕이 대단해서 잘할 거요."

"정식이보다 더 잘할 테니 두고 봐라."

"거 고향으로 가지 말고 여기서 눌러 사시오. 그래야 해물 맛을 가끔 볼게 아니요!"

한 마디씩 농을 던진다.

소를 다루다보면 당황할 때가 가끔 있다.

어느 날 놈들을 밖에 내놓고 다른 일을 하고 있는데 이웃집 아줌마의 고함소리가 들린다.

"소 나왔어요."

달려가 보니 단속이 부실했는지 한참 자라고 있는 들깨 밭 고추밭을 종횡무진 누비고 있었다. 야단났다 싶어 이리 뛰고 저리 뛰면서 소를 몰고 있는데 매제가 소식을 듣고 아랫마을서 달려온 모양이다. 화가 났는지 같이 몰아낼 생각은 않고 "에이 형님 하는 일이 그렇지." 투덜거리며 강 건너 불 보듯 한다. 울화통이 치밀어 한 대 갈겨주고 싶었다.

그 후 고향으로 소를 옮겨 어느 정도 정리가 됐을 때, 매제가 동생과 같이 다니러왔다.

모처럼 술 한 잔 하면서 "야 그때는 정말 섭섭하고 서글프더라."라고 웃으면서 한 마디 하니 "미안해요 형님. 성질이 지랄 같아 불쑥 해놓고는 후회 많이 했었수." "다 지난 얘긴데 뭘 그래도 자네 덕분에 목장 시작하게 됐고 사장님 소릴 다 들어보는 거 아니겠어."라고 했다.

이사하던 날은 매제 친구들이 모두 나와 소를 차에 실어주고 두 사람은 집에까지 따라와 마무리를 해주었다. 참으로 고마운 분들이다.

시련

그렇게도 원하던 나의 보금자리로 이사 오던 날, 이웃 분들과 친척들이 이삿짐을 나르면서 수군거리는 소리가 들린다.

"너무 약해서 견뎌낼 것 같지 않은데."

"저 종아리 좀 봐."

아내를 두고 하는 말이다. 모른 척 귓전으로 흘리면서도 남의 얘기가 아니구나 싶다. 내 결심대로라면 힘든 일은 절대 안 시키고 소 관리는 특히 못하게 할 거야를 몇 번이고 다짐하였지만 그게 그렇게 되질 않았다. 옮겨온 큰 송아지가 임신을 하여 새끼를 낳고 몇 마리 사들이고 보니 점점 일이 많아져갔다. 동작이 느리다고 늘순이, 얌전하다고 얌순이, 젖 잘 나오는 놈이라고 짤순이…… 나름대로 이름을 붙여가며 두수를 늘려나갔다.

숫자가 느는 만큼 도저히 혼자서는 감당하기 어려워지자 아내는 소매를 걷어 붙이고 거들기 시작했다. 그로부터 12년, 이제는 25kg짜리 사료포대도 들어 올릴 수 있는 강한 여자가 돼 버렸다. 이사 오던 날 수근 대던 사람들이 지금은 자기들보다도 일을 더 많이 하고 몸도 건강해졌다고 칭찬을 아끼지 않는다.

순풍에 돛 단 듯이 일이 잘 풀려가던 1988년 12월 무척이나 춥고 바람이 불던 날이었다. 며칠 전부터 별러오던 송아지를 보러 가기로 했다. 도입우 종자라서 가격을 더 주어야 판다는 주인의 말대로 결정을 보았다. 오토바이 뒤꽁무니에 아내를 태우고 시장엘 들려 저수지 옆을 지나려는데 일가인 지점집 형님이 빠른 걸음으로 내닫고 있었다. "형님! 어딜 그리 바빠 가세요." "자네 어딜 갔다 오나. 자네네 집에 불이 났다 해서 가는 중인데 빨리 올라가 보게나." 순간 온몸에 힘이 빠지면서 머리가 띵해온다. 정신을 가다듬고 오토바이 액셀러레이터를 당겼다. 아직도 피어오르는 검은 연기 속에 타다 남은 가옥이 흉물스레 서있다. 마당에는 흐트러진 세간이며, 부락민들이 걱정스런 얼굴들이 마음을 걷잡을 수 없게 한다.

"아니 어딜 갔다 지금 오시나?" 이웃 분들이 걱정스런 얼굴로 지켜본다. "이게 어떻게 된 영문입니까?" 막내아들이 소파에서 촛불을 켜놓고 놀다가 방으로 들어간 사이 촛농이 흘려 내리면서 불이 붙어 불길에 휩싸이게 되었다는 것이다. 다행이 아이들은 뛰쳐나와 사고를 면했으나 앞으로 수습해나갈 일이 꿈만 같다. 그래도 가재도구 일부분, 덮고 잘 이불은 남아있어 그런대로 견딜만할 것 같았다. 이 엄동설한에 어떻게 집을 짓고 원래의 모습을 되찾는단 말인가? 한심스러웠다.

그러나 고맙게도 마을에서는 긴급부락회의를 소집하여 집을 지어주기로 했다한다. 매일 몇 명씩 교대로 산에 가서 나무를 베어

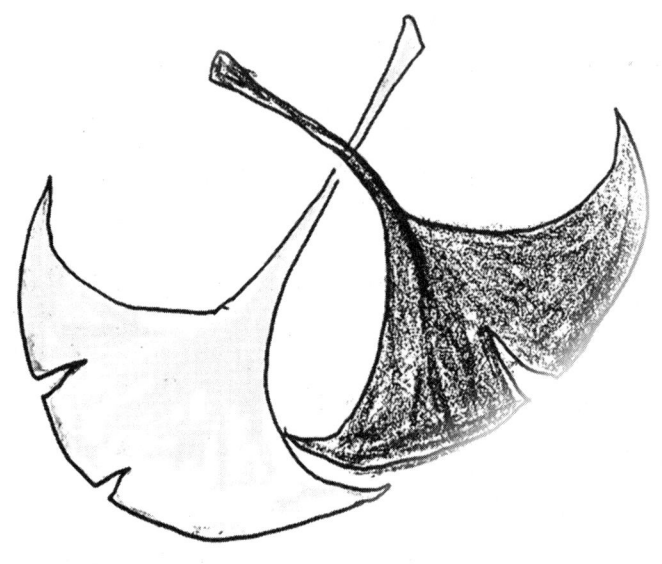

다 껍질을 벗기고 다듬어서 집을 짓기 시작했다. 더욱 고마운 것은 인근 부대 대대장님이 딱한 사정을 전해 듣고 장병들을 지원해 주어 빠른 속도로 원래의 모습을 찾아가고 있었다.

 그런데 엎친 데 덮친다고 인천에 계시는 아버지께서 소식을 들으시고 낙담이 돼 폭주를 하시면서 "큰애는 망했어." 며느리가 그렇게 가기 싫어하더니 "어떡하면 좋으냐?"며 날마다 우시면서 한탄을 하시다 병을 얻게 되시어 어느 날 갑자기 운명을 달리하시고 말았다. 설상가상으로 집을 완전히 세우지도 못한 채 장례를 치루고 다시 일을 시작하여 완성하기에 이르렀다. 헛간에 바람막이를 하고 스티로폼 위에서 잠을 자며 고생이 말이 아니었다. 특히 아랫집에 사는 새댁과 이웃들이 아침저녁으로 드나들며 보살펴준 것은 눈물겹도록 고마웠음은 지금도 잊지 않고 있다. 부락 여러분과 장병들의 노고에 감사하다는 말을 수없이 하였다.

어른들께서는 위로와 격려의 말씀을 잊지 않으셨다. "집안에 화재를 당하거나하면 재수가 있어 앞으로 가세가 불 일듯 일어날 걸세. 낙망하지 말고 열심히 살게." "고맙습니다."

격려의 말씀에 힘입어 열심히 노력한 만큼 거두어 오늘에 이르게 된 것이다.

자식

결혼 적령기인 총각시절 길을 걷다가도 예쁘게 생긴 계집아이와 사내를 거느리고 걸어가는 부부를 목격하면 나도 언젠가는 장가가 아들 낳고 딸 낳고 살 텐데……. 태어난 자식들이 못생기면 어떡하나 쓸데없는 공상을 하곤 했었다.

"사내아이는 남자답고 계집아이는 예쁘고 상냥한 그런 자식을 갖게 됐으면……"하는 그런 소망을 간직하고 있었다. 지금도 그 때 생각을 하면 고소를 금치 못한다. 항상 염원하고 소망한 덕분인지 마음먹은 대로 태어나주었다.

S대학 3학년인 큰 딸은 아버지를 닮은 나무랄 데 없는 자식이다. 어려서부터 총명하며 초등학교 때부터 대학생에 이르기까지 학급에서 1~2등자리 넘겨주지 않던 아이다. 무슨 일이건 마음먹은 것을 꼭 성취하고야마는 의지가 돋보인다. 중학교 담임선생님이 가정방문을 왔을 때 하시는 말씀이 성희 수업시간은 긴장이 된다 했다. 선생님 말씀을 하나도 놓치지 않으려는 태도, 정곡을 찌르는 질문에 혀를 내두르겠다고 하셨다. 전 학년, 아산재단 장학생으로 선발돼 부모의 짐을 조금은 가볍게 해주는 효녀이기도 하

다. 둘째 딸은 공부실력으론 언니에 뒤지지만 미인에 속하는 아름다운 얼굴과 스타일을 갖추고 있다. 약간 허약한 게 흠이긴 하지만 건강에 별문제는 없는 것 같다. 실력이 못 미쳐 전문대에 다니고 있지만 잘 적응을 못하는 것 같아 안쓰럽다. 둘 다 착하고 예쁘게 자라주어 다행스럽다. 삼남매의 막내인 아들놈이 좀 웃기는 데가 있는 놈이다. 초등학교1학년 때 선생님보고 차비를 잃어버렸으니 차비 꿔 달라고 하는 놈이다. 하는 짓이 자라서도 뺀돌이이다.

"야 이놈아 누나들은 공부하란 소리 안 해도 잘하는데 너는 왜 그 모양이야."

"뭐 공부가 인생의 전부인가요. 두고 보세요. 내가 누나들보다

효자노릇 할 거니까요."

어려서부터 엉뚱한 데가 있는 놈이라 그러려니 하면서도 앞날이 걱정된다.

공부는 못하지만 하는 짓이 사내답고 남을 도울 줄 알며 명랑한 성격을 가졌다.

제 말대로 공부가 인생을 좌지우지 하게하지는 않는다고 본다.

가끔 시간을 내서 일요일이면 아들을 데리고 냇가로 간다. 투망 던지는 방법, 초크 치는 요령을 가르쳐준다. 공기총은 에어를 수동으로 자전거바퀴에 바람 넣듯이 넣어 공기가 차면 오조준으로 맞히는 것으로 불법 무기는 아니다. 겨울이면 공기총 다루는 방법도 일러준다. 산을 접해있기 때문에 조금만 둘러보면 사냥감이 늘 기다리고 있다. 아직은 서투른 솜씨로 가끔 산비둘기, 멧새 등을 잡아와 털을 뽑고 내장을 깨끗하게 손질한 다음 번개탄에 올려놓고 맛있게 구워낸다.

"아버지. 안주가 다 됐으니 한잔 하셔야지요?"

그럴 땐 나무랄 데 없이 기특하다. 가끔 소똥 좀 치우자면 "난 싫어요."하고 볼멘소리를 할 땐 밉지만 '역시 아들 하나는 제대로 두었구나.' 여겨진다.

봄

 골짜기 쌓인 눈이 녹아내리고 만물이 소생하는 봄이 오면 어김없이 같은 장소를 찾아오는 날짐승 삼총사가 있다. 지지배 지지배배 언제 돌아왔는지 빨랫줄에 앉아 열심히 지저귄다.

 첫 번째는 일 년 만에 다시 돌아온 제비다. 집 단장을 새롭게 하고 어서 알을 낳아 푸른 창공을 선회하며 새끼들을 잘 날 수 있도록 유도할 것이다. 우리 부락이 제비둥지같이 생겼다 해서 연곡리 제비울이라 무관하지가 않다.

 두 번째는 송곳처럼 길고 뾰족한 주둥이와 로마병정 투구와 같은 머리 위에 깃털을 지닌 후투티다. '뽀뽀뽁~ 뽀뽀뽁'하고 운다 해서 일명 '뽀뽁새'라고도 한다. 슬레이트 지붕 모서리에 틈이 생긴 것을 발견하여 그곳이 자기를 위해 만들어 놓은 보금자리인 양 해마다 찾아와 자태를 뽐내며 꺼떡거리며 고래를 좌우로 흔들어댄다.

 세 번째 두툼한 부리에 남색 바탕의 조끼를 입은 물총새다. 뺨은 빨갛고 흰 깃털이 조화를 이룬, 큰 물총새가 올 봄에도 전봇대 위에 도사리고 앉아있다. 이놈은 상당히 지혜로운 놈 같다. 낭떠

러지 사태 난 곳 벽에다 굴을 파고 알을 낳는다. 뱀과 같은 적으로부터의 공격을 막아준다.

　이 삼총사가 나타나면 봄은 바야흐로 내 곁에까지 와주었구나 느끼게 된다. 이 모두가 내가 좋아하고 사랑하는 자연의 총아들이다. 지난 날 도시 생활 속에서 항상 동경하고 꿈꿔왔던 자연과의 만남이 정신건강에 큰 몫을 하고 있음을 실감한다.

봉산댁 대부

산자락이 넓고 골짜기가 많아 갖가지 산나물이 서식하고 있다. 평소엔 한산하던 문 앞 도로가 차량으로 북새통을 이룬다. 휴일이면 더욱 복잡한 것이 갯바위 등의 새초 밭이 패러글라이딩 비행지점으로 각광을 받고부터다. 언제부터인가 몇 몇 동호인들이 오가더니 이제는 소문이 퍼졌는지 대형버스에 나눠 싣고 오르내린다. 그 중 기본에 못 미치는 사람들이 마구 속력을 내 소들이 놀래고 먼지가 사방 흩날려 생활에 불편을 가져다준다. 그날도 휴일이었다. 착유를 끝내고 운동장에 설치한 조 사료 통에 건초를 놓아주려고 몇 발자국 옮기는데 빗방울이 후드득 떨어진다.

일기예보로는 남쪽지방에만 비가 조금 내리고 중부지방은 흐리기만 한다고 했는데 좀 빗나간 것 같다. 일기예보 담당자는 좀 찝찝하겠지만 파종한 옥수수를 위해서는 차분히 내려줬으면 좋겠다. 건초를 풀어주다 무심코 도로 저만큼 밑을 내려다보니 머리에 수건을 단정히 동여맨 봉산댁 대부가 자그마한 체구에 어울리지 않게 큰 부대자루를 묶어 멜빵을 만들어 걸머메고 한 손에 다른 하나에 자루를 들고 올라오신다. 아마도 눈여겨 보아두었던 두릅을 따라 가시는 걸 꺼다. 이맘때만 되면 부락에서 제일 먼저 산행을 하시는 두 분이 계시다. 한분은 위에 소개한 일흔을 반을 넘기신 봉산댁 대부이시고 다른 한 분은 친구 어머니이신 광선이 어머니시다. 광선 어머니는 팔순을 얼마 전 지내신 분인데 아직도 정정하시다. 십여 년 전 별안간 신이 내려 묻지 않는 소리를 하시고 무얼 물으면 아는 소리를 하신다하여 반무당 노릇을 하시다 자식들의 권유로 지금은 주일마다 한복을 곱게 차려입고 교회에 나가신다. 아무튼 이 두 분이 봄이면 산나물, 가을이면 도토리 따러 선두주자로 정평이 나있는 분들이다.

  집에서 출발하실 때는 비가 안 왔는지 우리 집 샘터를 지나 한참 오르셨는데 별안간 많지 않은 비지만 제법 쏟아졌다. 선뜻 내키지 않는 발걸음을 옮기시다 멈추고 말았다. 하늘을 한번 올려다 보시더니 안 되겠다 싶으신지 도로 내려가신다. 한 오십 미터쯤

내려가셨을 때다. 비가 멎으며 하늘이 변해진다. 다시 멈추시더니 하늘을 다시 한 번 올려다보신다. 여나문 발자국을 아래위로 서성이시더니 다시 산 쪽으로 오르고 계신다.

  약 백 미터쯤 올려가셨을까? 이번엔 세차게 퍼붓는다. "에이~." 이젠 정말 안 되겠나 보다. 그 특유의 잰걸음으로 미련을 남긴 채 사라져버리셨다. 대부가 계신 곳에서 나를 보지 못하셨으니 망정이지 억지로 웃음을 참으려는데 민망스럽기도 하고, 하늘님의 심술궂은 장난기가 재미도 있다. 결국 나물하시길 포기하신 게 됐는데 그날 종일 날씨만 좋았다.

후손들에게

 사람이 일생을 살아가는 동안 주위 사람들로부터 손가락질 받으며 알게 모르게 살아가는 사람이 많은 것 같다.
 지나친 욕심으로 공금을 버릇처럼 축내어 빈축을 사는 사람, 감투 하나 얻어 쓰려고 물불 안 가리고 설쳐대는 사람, 남에 것은 내 것처럼 여기고 내 것은 아까워 벌벌 떠는 사람, 나열하자면 많

은 것 같다.

 자연의 섭리에 순응하고 마음을 비우고 본래 그대로의 모습에 동화되면 잡다한 인사가 다 물거품인 것을 알게 될 것이다.

 한 인간이 생을 마치기까지 성인처럼 살기엔 세상인심이 허락지 않을 것이다.

 그래서 조금은 때 묻은 삶을 살아가는 사람들이 많은 것 같다. 내가 생활신조처럼 자식들에게 늘 하는 말이 있다. 욕심 부리지 말고 소신껏 근면성실하게 살아가면 절대 주위로부터 나쁜 말을 듣지 않을 것이고, 자신이 생을 마감한 후 생전에 친했던 사람들이 자식들에게 들려주는 말 중 "자네 부친은 살아계셨을 때 누구에게나 본 받을만한 분이셨어."라는 말을 들을 정도의 인생은 살아가야 된다고 믿는다. 후손들에게 부끄러움이 없어야 되겠다.

일본 국적 어느 한국 여인의 나라사랑
- 라디오방송국 기고문

안녕하십니까? 저는 농촌에서 작은 농토와 목장을 전업으로 하고 있는 오십 대 중반의 남성입니다.

지난봄 해외에서 겪었던 한 여인의 인상 깊었던 사연을 여성시대를 통해 소개할까 합니다.

저는 그때 연중행사인 축산인 단체의 해외 연수, 선진지 견학 명목으로 일행에 합류하게 되었습니다.

현 일본 축산의 실태와 목장견학을 통하여 우리나라 현실과 그들과의 차이점 등을 이해하는데 좋은 계기가 되었으며 또한 의미 있는 추억을 간직케 하였던 좋은 여행이었습니다. 목적지는 규수 지방이었으며 일정은 사박오일이었습니다.

사십여 명의 인원이 움직이는 터라 조금은 번거로운 행보였습니다. 그래도 해외나들이들을 한두 번쯤은 겪은 때문인지 난처한 일들은 생기지 않고 기내에 탑승한 일행은 미지의 세계에서 지내야 할 앞으로의 일들을 상상하는 가운데 오래지 않아 목적지에 도착하게 되었습니다.

공항 출구를 빠져나오니 팻말을 손에든 현지 안내인이 우리를 반갑게 맞이하고 있었습니다. 제가 하고자하는 이야기는 지금으로부터 시작됩니다. 사박오일의 일정동안 성심성의껏 우리를 안내해 준 삼십대 중반의 여인은 일본 국적의 남성과 결혼하여 일본 국적을 갖고 있다는 한국인여성에 대해서 보고 느낀 대로의 면모를 소개하고자 합니다.

첫 번째 코스의 목적지까지 태워다줄 버스 두 대에 나누어 타고 조금 있으려니 키는 보통이고 얼굴은 얌전하게 생긴 여자 한 분이 단정한 모습으로 마이크를 잡고 또렷한 음성으로 자기소개를 하기 시작했습니다.

모 여행사에 적을 두고 있는 남상분이라고 이름을 밝히면서 이름이 독특해 잊어버리지 않을 것이라며 "미쓰 남"이라 불러 달라 했습니다. 실은 미쓰 같지는 않기에 실소를 자아내기도 했지만 먼 옛날 이조시대 여인네의 이름을 연상케 하는 생각이 들어 쉽게 잊어버릴 것 같지 않았습니다. 후에 알게 된 일이지만 유학시절 일본 남성과 어찌 결혼하게 되어 눌러앉게 된 여인이었습니다. 가이드라는 직업에 보람을 느끼며 가정에 충실한 또순이와 같은 기질을 가진 훌륭한 여성이었습니다. 친정이 부산인데 오라버니가 계신다 하더군요. 아무튼 차내 가까운 거리에서 그가 관찰한 결과지에 있어 최선을 다하는 여느 안내원과는 다른 면모를 읽을 수 있었습니다. 비록 외국 땅에서 생활하고 있지만 그 여인에게는 여느 안내원과는 다른 나름대로의 국가관과 조국을 아끼는 애정이 깃들어 있었습니다. 일상적인 생활에서 탈피한 관광객들의 헐거워진 마음가짐을 정확히 꿰어보는 눈으로 국위를 손상시키는 사람들에게 좋은 길잡이가 되어주었습니다.

그곳 "규수"지방은 우리하고 무관하지 않은 곳들. 예를 들면 임진왜란 때 우리의 많은 양민을 살상한 "가등청정" 성채가 남아있는 곳이라든지 강제로 국민의 자존심을 상하게 했던 "신사" 등 무언가 많은 것을 생각하게 하는 곳입니다. 모두 귀 기울여 들어야 할 부분에 큰소리로 잡담을 한다든가 딴청을 부리는 사람들이 있으면 무척 안타까워하곤 했습니다. 우리의 여행 문화도 무언가 달라져야겠다고 역설합니다. 정치인, 공무원, 학생, 농촌 후계자 등 많은 사람들을 겪으면서 안 되겠다 싶은 생각을 하곤 한답니다. 차 안에서 화투를 치지 않나, 금지된 술을 마시고 안내원에게 농지거리를 하기도 합니다. 국위를 손상시키고 옳지 못한 말과 행동을 하는 여행객에겐 알아듣도록 간곡히 일깨워주었던 일들이 한두 번이 아니었다더군요. 잘못을 시인하고 바로 잡을 땐 고마움을 느낀다고요.

오랜 세월 이일에 종사해오면서 힘도 들지만 보람도 갖는다면서 모국의 위상이 날이 갈수록 펼쳐져 나갈 때 더욱 힘이 솟는다고 합니다. 지금도 이글을 쓰면서 생각이 납니다. 여행객들로 하여금 한 가지라도 더 좋은 추억을 남기게 하려고 많은 이야기를 들려주려 애쓰던 애기 중 "미쓰남"의 모습이 떠오릅니다.

그중 자꾸 들어도 싫지 않을 얘기로 첫 번째 일본주부들이 자기 나라에서 개발한 "기무치"보다 우리가 수출한 김치를 무척 선호한다는 것.

두 번째 일본 여성들이 한국여성보다 아름답지 못하다는 것을 시인하면서 아름다움의 비결을 배우고자 많은 젊은 여성들이 속속 우리나라를 찾는다는 것입니다.

그러고 보면 한국남성들은 참으로 행복한 사람들인 것 같습니다.

방문 삼일 째 되는 날 제일 관심 있게 기다리던 날이 왔습니다. 저야 목장을 하는 사람이니 그럴 수밖에 없었지요.

그곳 지방에서 가장 우수하다는 목장을 방문하고 비교분석을 해 봤습니다만 제 나름대로 긍지와 자부심을 가지게 되었습니다.

물론 배워야할 점도 있었지만 우유의 체세포, 세균, 지방, 수치

로 볼 때 저희 목장이 앞서는 부분도 있었습니다.

　몇 년 전에 견학 왔을 때와는 달리 우리 낙농분야도 많은 발전을 한 것이지요. 목장 얘기가 나왔으니 이 기회에 국민 여러분께 한 말씀 드리겠습니다. 마음 놓고 우유를 마셔도 좋을 만큼 질이 좋아졌습니다. 열심히 노력한 때문도 있지만 제도상으로 등급을 잘 받아야 목장운영이 가능하기 때문입니다.

　이야기가 다른 방향으로 흐른 감이 없지 않지만 이젠 이글을 마무리할 때가 된 것 같습니다. 지금도 일본에서 관광객들에게 품위 있는 여행문화를 정립시켜주고자 나라사랑에 앞장서는 남상분씨 내가 비록 누구인지 알지는 못하더라도 만약 방송을 들으신다면 내내 건강하십시오.

　애국자가 따로 없다고 생각합니다. 보이지 않는 곳에서 애 쓰시는 "미쓰 남"같은 분임을 저는 잘 알고 있습니다.

　끝으로 두서없는 글을 끝까지 읽어주신 아나운서 두 분께 감사드립니다.

1989. 8. 1

3부

베트남 군생활 · 시

그리움

가까이 혼아야산
중턱에 드리운 쟝글!
뜨겁게 작열하는 붉은 태양!
구릿빛으로 익어가는 욱(旭)의 변하는 모습을…
베트남 하늘밑
닌호아에 비가 내린다
연인의 고독과 기다림을
억수같이 쏟아지는 빗줄기에 씻어버리며
그 美의 새롯한 모습을
오늘도 그려본다

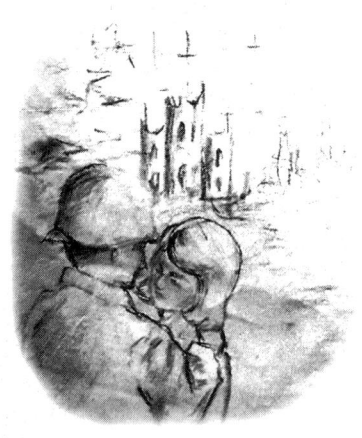

멀어져가는 환상

초저녁!
병사들에게 주어진 야간근무지
청음초 매복 전초지로 각자가 소리 없이 찾아든다
전방을 향해 응시하고 있는
병사의 귓전에 베트남 특유의 악센트로 말하며
재잘되는 어린이들의 산발적인 웃음소리가
두고 온 고향, 동생들의 뛰노는 소리인양
귓전에 닿는다
어둠 적막 고요 속에 밤은 깊어만 가는데
멀리서 짖어대는 삽살개는 언제나 버릇을 되풀이 하듯 짖어대는데
CAR 소총을 움켜쥔 병사의 부릅뜬 두 눈에도

오늘 저녁 들려온 아이들의 명랑한 울음소리
개 짖는 소리조차
꼭 고향 하늘아래 지난날이 생각 키워
너무너무 고요함에 잠시나마 지금을 잊는다

후광

노을이 진다
불타던 입술모양의
붉은빛 노을이
마지막 후광마저 거두어가고 말면
내 주위엔 고요로운 장막이
서서히 주름지며 느려지겠지

어느 날 석양 무렵

대지는 온통 빨갛게 수놓은 태양도 vc로부터
기습을 사전에 방지하기 위한
근무지 관망대에 서 있는 병사의 등을 석양이 미열을 남긴 채
온 물체의 그림자를 길게 늘어뜨리고
자신의 추함에 몸서리친다
남지나에서 불어오는 찐득한 해풍의 시원함을 느끼며
더위와 싸워야 했던 피로를 잠시나마 잊는다
조금 멀리 동아이 반도를 가로지른 늪지대 위에
이름 모를 새들이 흰 날개를 퍼득이며 선회한다
그 아래 초원!
석양을 외면한 채 둔탁한 몸을 흔들며 뒤뚱거리는 물소떼들이
한 폭의 그림인양 전쟁을 외면한 채 평화롭기만 하다

당신과 나 사이

1.
그날은 당신과 나 사이
온종일을 풀섶에 깃든 벌레소리
그 가락에 취해 있었지
그날은 우리서로가 하루내내
말 한 마디 없이 눈과 눈
그 정겨움에 가슴 메웠지
지금은 멀어버린 그대와 나 사이 풀잎 따서 만든거리
이 가락이 멀리 멀리 메아리 칠까!

2.
남빛 짙은 바닷물이
출렁일 때마다
갈매기 깃에 비린내 풍기는
항구에 정서는 독특한 것
손을 흔들어 떠나는 이의 마음을 뭉클하게 했던
부산항의 추억이 어제 같건만

어느 한 순간

벌써 파월된 지도 어언 10여 개월이 흘렀으나
본국의 전우들과 동고동락 하던 때가 엊그제 같은데
지금 이 순간 몸과 마음이
꼭 고향하늘 아래 서 있는 착각에 사로잡힌다
은하수를 가로지른 저편의 북두칠성이 여전하다
아침이면 떠오르는 햇살에 펼쳐진 한가한 농촌 풍경
익어가는 벼이삭과 갓 심은 모포기가 대조적이나
고국의 농촌풍경을 연상케 한다
야자수와 바나나 그늘아래 지어논 초가의 아름다운
이국 전경을 감상할 때
가까이서 들려오는 포소리와 소총소리에 전장지 임을 절감하며
잠깐 동안의 안일했던 생각에 쓴웃음을 머금는다

만월

남극 특유의
이름 모를 풀벌레의 울음소리에
또한 너무나 밝은 이국의 만월이 잠 못 들게 하는 밤
온누리는
고요와 적막 속에
무거운 나래를 펴고 있건만

깊은 강물처럼 고였던
쓰린 아픔도 강물 풀리듯
스스로 마음을 달래어가며
민들레처럼 하얗게 늙는 여자
떨어지는 눈물, 배꽃 같아라

26번도로

오랫동안 영내에 갇혀 있다가
모처럼 시간을 내어 베트남 유일의 26번 도로를 달렸다
캄보디아 국경으로 치닫는 국도는 가도 가도
끝이 없는 것 같다
최고 속력으로 겁도 없이 달렸다
작은 모래알이 온통 얼굴을 때리며 눈을 못 뜨게 하지만
자꾸만 나갈수록 색다른 광경이 교차되는 풍경하며
즐겁기만 하다

매복

정기적인 3번째의 매복!
일찍 도착한 휴식지점에서
한가한 시간을 만끽하며 갖고 온
C-Raition을 먹으며
지난날 재미있었던 이야기꽃을 피웠다

꽁까이 눈

수정처럼 맑다고 할까
보석처럼 빛난다고 할까
자신의 곁에서 울리는 총성에
운명의 순간을 두려워하는
겁에 질린 눈일까
아니, 수없는 이별을 겪은 슬픈 눈 일거야!

한없이 바라보고 싶다고 할까
마음 깊은 구석에 언제까지나 새겨두고 싶다고
무엇인가를 무엇으로 호소하는 것 같다
그리움 같은 것을
아니, 슬픔이 가득 담긴 눈 속에
웃음을 담아주고 싶다!

보내는 마음

만났다 헤어지는 것
자연의 이치라고 하던데
하느님께서 모든 것을 창조하실 때
보내는 마음과 떠나는 심정을 얼마만큼이라도 이해하셨는지
가는 사람의 발자국에 고인 눈물과
보내는 사람의 가슴에 찢어지는 아픔을
어느 편이 더하다 말할 수 있을까

별안간

별안간 돈 운이 튀어 부자가 되었다고 아래로 보지 마오
산간초목 조그마한 부엌에도
조석으로 불은 타고 연기는 나오고 있다
재물 뿐 아니라 재능도 한 가지다
자기에게 다소 재능이 있다 하여서
거만 하여서는 안 된다
자기에게만 다소 재능이 있는 것이 아니라
사람은 누구나가 제각기 재능이 있다는 것을 잊어서는 안 된다
만일에 무엇이든 자기에게
조그마한 지식이나 재물이 있다고 하여서 거만 하지 말라

-1969. 7. 13 캄란안

사양(斜陽)

비가 오지 않는 날은
하늘이 고와 사방을 누비고
서녘 하늘가에 쉰다
어제 받은 글귀가 도로 새로워짐은
아직도 그리움 탓일까?
방향(方向) 없는 바람이 검은 팔소매 자락에 들면
석양(夕陽)은 차갑게 돌아서는 발치!
어스름 하늘에 반짝이며 깜빡이는 것은 별빛이냐?
우기를 예보하는 날카로운 마른 번갯불!
닌호아 들녘에 펼쳐진 먹구름떼에 어지러워
간데없는 노을빛에 감도는 우수(憂愁)
정녕 그 사람을 나며야 하나 멀다면 멀고
가깝다면 가까운 앞날에 영광 있으리니

-1969. 5.

너에게 내 손을 보낸다

까만 어둠과 외로움만이 있는 밤
누구에게라도 아름다운 밀어로
예쁜 대화로 엮어 보내고 싶은 밤
밤이 찾아와 물을 때 건강할 수 있는 나의 생활을 위해
오늘도 반성하고 내일은 좀 더 뜻있고 보람된 날을 찾자
어리석음 속에 또 하루가 간다
자신의 기만 속에서
허망한 망각의 도전
이 숨결이 멈추길 바라는 어리석은 자의 통곡
벗이여 너에게 내 손을 주리라
무엇보다도 건실한 손을 내 자신의 벗에게 보낸다
벗도 내게 손을 주겠는가
인생의 삶에 동행자로서 나를 받아들이겠는가?
슬픈 이 밤을 통째로 안고 피로 쓰린 이 땅에서
하필이면 고독까지 걸머진 나,
예기치 못한 일 우연히 맺어진 정
어제 할 바 모르는 방황 망설임…
모든 것이 두려운 나에게 사랑의 꽃을 심어준 영!

인생은 외로운 것 아무도 모른다
모두 다 고독할 뿐 슬프고 고독할 피로
타법성이 뒤엉킨 제한된 생활관
여기서 신통한 탈피 같은 노릇은 왜 이리 어려울까

-1969. 6. 27. 캄란 파견 전우가

인곡(忍曲)

해맑은 옹달샘
물방울소리엔
마음이란 게 산다

좋아한다고
사랑한다고
그래도 못내 고독하다고

어디서부터인지
눈물 실은
바람이 와 안겨

아가가 운명하던 그날
무척이나 사람을 사랑하고 싶었다
허나 여기엔 바보의 웃음만이 살고 있다

탄생 결혼 죽음…

- 1969. 6. 전우가

수감자 수칙

잠깐 동안의 순간에 당신이 거쳐 가면서 내뱉는 말 한마디!
10분 동안의 수감자 수칙!
이 순간에 그야말로 조그마한 일로 말이 많다
고통을 받고 있는 천사의 독자들!
여기 이리떼 같은 가명의 사나이들!
어쩌면 그럴 수가 있냐구!
이것이 군대(軍隊)라구 며칠 전에 그럽디다.
당신은 전과 2범 잘해보이소!
그럼 당신은 세계 제일 값진 인생을 배웠기에 이에 할 말이 없고
고로 사회(社會)에 나가시어 억 배의 협력(協力)이 있기를 빌어 보면서 볼까요!

-1969. 6. 29 캄란 수진에게

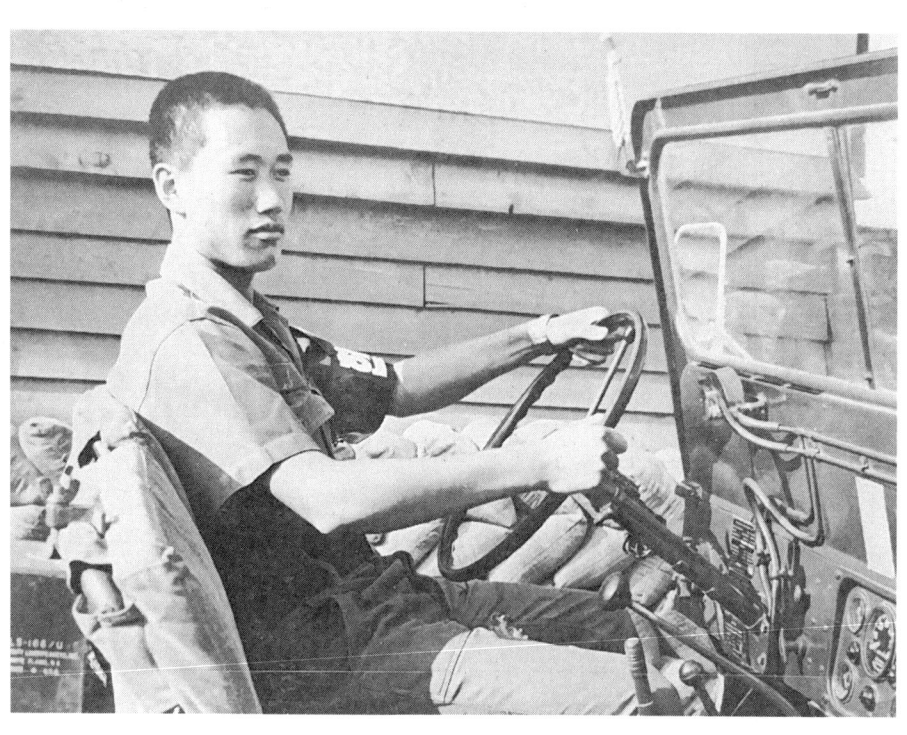

밤을 색책하는 화가처럼

천천히 어둠이 잘려온
저녁을 훨씬 지난밤입니다
공간이 슬프거나 허전하다는 느낌이 없는
그저 의미 없는 무색의 시간이 흐를 뿐입니다
어디론가 종착역이 없어도 좋은
작은 차를 타고 긴 여행을 하고 싶습니다.
밤을 색책하는 밤의 화가처럼
그렇게 외로운 자세로 너를 생각해 봅니다
네 눈동자는 젖어 속눈썹 끝에는 이슬이 매달리고
삶의 의미를 알지 못한 채
영원의 날들은 이렇게 보내고 또 맞는다
매일 밤을 통곡하는 고독분홍색
숱한 날들의 흐름 속에서도
역시 까만 밤의 임에 여지는 어쩔 수 없이 공허한가 봅니다

-1969. 6. 2. 완숙이가

별이 많다고 느낀 날!

어두움과 음산한 바람
바람의 구비에 맞추어 흔들리는 나뭇잎소리
이 순간을 위해서 많은 시간의 훈련
깊어가는 이 밤이 나의 인생을 완전히 변화 시킬는지 아니 그보다 더…
무사함과 승리를 위해서 눈을 크게 뜨고 사방을 살펴본다
바로 80m 전방에서 물체가 움직이는 것 같다
동시에 숨이 막히는 것처럼 느릿느릿 토하는 숨소리가 왜 이렇게 크게 들리는지,
몸을 조그마하게 움츠리고 다시 물체를 주시한다
순간 부대에서 서치라이트가 사방을 비춘다
순간 나의 입에서 안도의 한숨소리,
다음부터는 나의 마음도 대담해졌다
초조함과 긴장이 조금 풀리니까 또 지루하다
지루함을 잊기 위해 고향생각, 결론은 그리움뿐이다
그리우면 하늘을 본다
수많은 별들, 별의 숫자와 사람의 수가 같다는 말을 들은 기억이 난다
정말 수많은 별처럼 사람도 많을까!

그럼 나의 별도 있을까!
매복이 남긴 것!

숱한 날을 망설임으로

안개처럼 뽀오얀 현실 속에서
너와 난 퍽이나 바쁘게 서로 갈 길를 가야했다
대망의 여운과 함께 샘솟는 사랑의 밀어,
우연히 맺어진 사랑이기에 배신도 의심도 머나먼 것

허탈한 심상에 연정을 담은 무언가의 대화가
소리 없이 노크하는 것은
님을 향한 애절한 고백일까?
아예 느끼지 않고 흘러버린 안타까운 순간들,
내 가슴 이제야 저려오지만
이젠 멀리 가버린 검은 눈동자!
저, 이젠 나와 너의 대화가 하얀 안개처럼 사라져가는 아쉬움을
가슴 짜릿하게 울리는 그 소리, 그 마음을…

그리고 잊혀질 줄 모르는 파란 너의 눈망울
이제 그것들은 아득한 안개 속에 서글픈 대화로 사라져간다
왠지 모를 허탈감과 불안에 하루를 맞이해야만 하던 순간에
영원한 이별과 함께…
숱한 날들을 망설임으로 보냈지만

이제는 그러지 않겠노라 다짐해본다

- 1969. 6. 2, 완숙이가

에뜨랑제9)가 되어

아카시아 향기가 조용히 사그라진
계절의 언덕에서 끝없이 줄지어진 대열 속에서
오늘도 또 하나의 그림자를 찾는다.
그리고 많은 안타까움이 존재한 마음을 부둥켜…
눈망울에 그윽이 어려진 언어를 모아
하얀 대화를 대하고 싶을 게다.
입속에 붉어진 손가락 끝을 힘껏 눌러 석자를 그린다.
3월의 훈풍이 새까만 밤의 적막을 깔아 놓는다.
초롱한 별들은 속삭이듯 초여름 감각에 더욱 신선해지는 것 같다.
여인들의 숱한 밀어가 익어가는 밤!
매 마른 심혼 위에 음율이 내 마음을 적셔줍니다.
이 밤 모든 세계가 내 것처럼 되어줄 것 같은 이 밤!
숱한 대화를 나누던 에뜨랑제가 되어
어디로 멀리 정배 갔나?
하늘도 파랑에 투명한 내 동공으로

---

9) 프랑스군 외인부대의 명칭. 정식 명칭은 레지옹 에뜨랑제(Legion Etrangere)이다. 20세기에는 이 프랑스 외인부대라는게 꽤나 이국적이고 소설적인 낭만의 상징이기도 해서 에뜨랑제라는 프랑스어 단어가 일본과 한국에서 낭만적 단어로 쓰이게 된 단초가 되었다. 한국에서는 여행자, 떠돌이 같은 이국적 낭만적 의미로 쓰인다.

영근 포도 향기를 호흡하여
나는 너를 소녀라고 부른다.

-1969. 6. 27.

기다림

하얀 손수건을 흔들며
이별을 고하던 날!
나는 말없이
금세라도 어디 마음에 정을
떠나가는 기적선에 파도에 실어 날려 버린 듯
굳은 신념 속에 기다림과 헤어져 왔건만
이제, 어여쁜 소녀(상) 앞에 고요히
고개 숙여 없는 후회였지만
당신은 기다림 속에 참된 사랑을 배워서 왔겠지, 하고 물으면
나는 사랑을 배웠노라고.

-1969. 6. 7. 용만이가

어머니의 손길 같은 고요

달빛 낭만이 고독으로 번져 오는 밤!
그대는 달빛이 차갑다고만 했지?
그러나 이제 우연과 필연의 묘한 시점에서 대동된 우리 꿈은
언젠가 찢겨 오는저 달빛도
부드럽고 포근히 느껴질 날이 올 것이다.
절실히 스미는 고독의 눈을
하이얀 백지로 가리며
가벼운 울음으로 살아가자
고운 빛깔로 시작된 가을은
성큼 먼 하늘 위에
조심스러운 내 마음을 가득 안고
눈부시게 성장해 갑니다.
시처럼이나 달콤히 외어온 그대 이름
우리 아름다운 성숙을 자랑한다.
무한한 적막 끝없이 펼쳐지는 가운데
또다시 하루의 공식을 고하는 밤!
밤의 고요가 어머니의 손길 같이 말없이 깊어가겠지.

-1969. 6. 30. 완숙이가

월남어 시간

우리 다 같이 월남어를 배웁시다.

첫째, 인사말부터 시작할가요!

씬 짜오 꼬(Xin chào cô) 라는 말이 있습니다.

한국어로 번역하면 "아가씨 안녕하십니까?" 이런 말이 되겠고요.

둘째, 건강상태를 물어볼 때는 서슴지 말고

꼬 만 코(khỏe mạnh cô) "아가씨 건강하신지요?"란 말이 되겠습니다.

김 병장이라고 부를 때 어떻게 부를까요? 흔히들 쫑시 김(trung sĩ kim) 이라고 이야기가 되겠습니다.

그럼, 김 병장 월남어 그만 배우고 고국에 가서 무엇이든지 열심히 해서 성공하기를 …….

- 김 병장이 올림

전지에서 따이한까지

파란만장 했던 12개월 동안 그래도 뭔가 배웠다면 배웠고,
또 잊었다면 잊는 현재의 떠나려는 심정을
십자로라는 바로메다 위에 다 놓고서
메일 저녁 또는 아침 낮 할 것 없이 동분서주하던 이곳,
그래도 정이 흠뻑 들었을 것이요.
그곳이 바로 월남 굴지의 총본산인 캄란(Camlann)
더 구체적이면 수진이랄까?
괜한 설레임, 뭔가도 갖고 싶고, 알고 싶고, 해보고 싶은 것!
그러나 후회는 없을 것입니다.
왜냐구 모든 미련은 귀국과 함께 떠나 버리고 없애버려야 하지 않을까요.
언젠가 맥주를 들면서, 노래를 들으면서 이야기 한 것으로 아는데,
군인들의 세계란 다 그런 것!
그래도 애착은 날 것이요.
부디! 아니 귀국을 해서 텁텁한 막걸리 파티나 한 잔씩 나누면서
그 동안의 회포를 풀어봅시다.

- 캄란에서

낙엽

푸른 연륜의 회오라기
울음 속에 영원을 찾을 때
망향하는 '노스탈자' 같은 '念'
여기 10회 인가 하며
잠시 쉬어야 함은
윤혈은 어느 때고
죽도록 방황하는 시간의 사자들,
쉬어야 하는 순간

- 1969. 6. 2.

마지막 새벽안개

새벽! 오음리의 마지막 새벽안개가 자욱하다.
오늘 날씨는 틀림없이 좋은 날씨 일 것 같다.
대대연병장에 전원 집합하여 간단한 인원과 피복 점검을 마치고
단장님의 환송 강연이 있은 후
드디어 한 달여 동안 몸을 담았던 곳을 떠난다.
미련이 있을 수 없다.
한 발 다가온 출국의 부푼 꿈이 가슴마다 구비 친다.
아니 현실에서 탈피하고자 하는 안간힘인 것이다.
이 고장의 명물! 6.25동란 당시 참담한 역사를 기록한
피아간의 격전장 '백치고개'를 흐르는 땀을
두 주먹으로 번갈아 훔치며 묵묵히 앞으로 나아간다.
추풍령 고개가 어떠한지 가보지 않아 잘 모르지만
굽이굽이 돌아가는 장장 일로 참으로 경탄해마지 않는다.
영화 주제곡에 "정동대감의 산을 넘고 강을 건넌다"는 노래
구절이 연상된다.

소낙비

마음에 파동이 인다
기다림도 없는 여기 월남 땅
그러나 왠지 모를 친우처럼 친근한
우기의 친우가 찾아왔다
하루 종일 곁을 떠나지 않고
가슴 깊숙이 파고드는
'노스탈자' 이것
사랑에 따뜻한 포옹이라도 전하며
소낙비 속으로 뛰어든다

4부
베트남 군생활 · 일기

수십 대의 차량이 시동 거는 소리

그간 먼저 떠난 차량들이 고개 너머에 대기하고 있는 것이 눈에 보인다.

이젠 살았구나 싶다.

흐르는 땀을 맑은 냇물에 닦는다.

성급한 몇몇 전우들은 웃통을 벗고 물속으로 뛰어든다.

얼마 후 통제 장교의 호각소리에 제각기 차에 분승하여 출발 신호를 기다린다.

백차에 에스코트를 받으며 수십 대 차량의 시동 거는 소리가 요란스럽다.

산골길을 빠져나가면서 드문드문 길가에 자리 잡은 화전민들의 눈물어린 환송 또한 어떤 긴장감마저 느끼게 한다.

그중 나이 많은 노인네의 얼굴에선 눈물이 비 오듯 한다.

아마도 월남간 아들이나 손자라도 있는 모양이다.

또한 고사리 같은 손을 흔들며 모며 서있는 아동들의 모습 또한 사랑스럽다.

역에 도착하였다. 차례로 하차하여 배당된 객차 칸을 찾아

분승하였다.

많지 않은 환송객들이 눈길을 끈다.

소녀의 기도

자비로운 마리아와 같이 소녀는 기도합니다.
어느 한 사람의 행복을 빌면서
소녀의 가냘픈 손가락이 가늘 게 떨고 있습니다.
소녀는 이윽고 조용히 일어나
호젓한 호숫가 물망초가 핀 곳에 갑니다.
그 눈은 강가에 붉게 물든 노을쪽을 응시합니다.
이윽고 소녀는 물망초가 핀 벼랑에 앉아
가냘프고 흰 한 송이 물망초를 꺾어서
바람 따라 흘러가는 강가에 띄워 보냅니다.
희고 싱싱한 꽃잎에 이슬방울이 맺혀
바람 따라 흘러가는구나.
아! 꽃잎은 미련 없이 흘러갑니다.
소녀는 조용히 눈을 감으며 노을 쪽을 향하여 기도합니다.
마리아님!
이 소녀의 가련한 소원을 들어주소서라고…

소녀는 조용히 일어납니다.

어느새 석양은 산마루에 지니

소녀는 물망초를 꺾어서 정처 없이 물결 위에 띄우리.

3년이란 군생활 속에서

　인간은 만나고 헤어지고, 헤어지고 만나는 것이 인간의 운명이다.

　욱과 처음 만나서 군대 생활을 하다가, 헤어졌다가 또다시 이국땅 월남에서 만나고 보니 우리들의 인연은 누구보다도 친밀한 사이가 되었다.

　정들었던 본국의 가래비 파견 그리고 이국땅의 파견 상황, 이제는 서로가 헤어져야 할 운명이다. 이제 떠나면 언제 만날지 몰라도 짧은 3년이라는 군 생활을 마치고 떠나는 욱이에게, 무사히 전장 속을 떠나는 욱이에게 앞날의 성공을 빈다.

　그리고 군이 잊혀지지 않을 것이다.

　박다리나 수진, 가래비 신궁당 꼬마! 이제는 후회하지 않으리.

　눈보라 속의 CPX, RCT, 훈련 속에서도 생사고락을 같이 하고, 100미터 10초 700고지 상황은 누구보다도 고생을 많이 한 욱이가 아닌가.

　이제는 고된 시련 없이 떠나게 된 욱이의 앞날을 위해 잘되길 바란다.

　서로 헤어져도 거처는 알려주기 바라면서…….

억수

지금 이곳은 전례에 드문 수난을 겪고 있다 밤낮없이 며칠 동안 억수로 퍼부은 비로 사단 앞 드넓게 펼쳐진 초원과 곡식 터가 하룻밤 사이 만경창파인양 수면을 이루고 있었다.

베트남 유일의 1번 도로는 물이 넘치어 오가는 차량들의 발을 묶어 놓고 수면 위에 우뚝우뚝 솟은 나무사이로 작은 배를 타고 저어가는 월남인들의 모습이 그대로의 풍치를 자아내어 한족의 그림인양 아름답기만 하다.

해마다 정기적으로 찾아오는 우기 철을 대비하여 집집마다 배를 준비했다가 긴요하게 이용하며 물과 함께 밀려온 고기를 잡으려고 여기저기 물속을 누비는 사람들도 눈에 뜨인다.

월남에서는 우리들이 상상도 못했던 관심거리들이 베트남을 재인식하게 될 좋은 계기를 만들어준다.

비를 맞으며

어젯밤에는 계속 나리는 비를 4시간 동안 맞으며 보초를 섰다
이곳에서 처음으로 추위에 몸을 떨었다
집에 두고 온 털 셔츠가 자꾸만 생각난다
오늘 정문 입초 근무 중 귀한 동물을 같이 근무하던 옆 전우가 잡았다
물을 피해 뭍으로 기어나온 거북이를 잡은 것이다
손바닥 둘 합한 것만큼이나 큰 꽤자란 놈이었다
말로만 들어오던 놈을 처음 보니 신기하기만 하다
네 다리와 목을 완전히 움츠리고 있는 모습이
어쩌면 거북선을 연상시켰나보다
여하튼 이곳은 기후관계인지 벌레들도 여러 종류인데
그 중 악질에 속하는 놈은 전갈이라고
한국산골 도랑에 사는 가재와 같이 여러 개의 발이 달린 놈으로 꼬리도 있는데
벗어논 군화 속에 엎뎌 있다가
발이 들어오면 독침으로 마구쏘는 아주 기분 나쁜 놈이다

바닷가에서

누군가를 가만히 불러본다
오늘 오후는 즐거운 한때를 보냈다
백사장 여기저기 드문드문 야자수 그늘 밑을
수영복 차림으로 거닐어 보았다
고딘디엠, 대통령 별장이 내다보이는 곳에 자리잡은
사단 휴양소이자 비취 장이다
전 소대원이 해수욕을 갔었다
넓고 길게 펼쳐진 고운 백사장 위를 흰 거품을 머금고 넘나드는 얕은 파도
종아리 사이로 숨어들다 자지러지는 감촉이 마냥 좋았다
좀 깊숙한 곳에서 약 만길 씩 파도치는 표면을 마음껏 헤엄쳐 보았다
덕분에 짠물을 몇 번인가 삼킬 뻔했다
간간이 남녀의 모습들이 눈에 뜨인다
욕심 같아선 사랑하는 이와 어깨도 나란히 하고 바닷가를 거닐고 싶다
잠시나마 즐거운 마음으로 향수를 잊고
젊음을 만끽할 수 있어 내내 즐거웠다

무제

값이 싸다는 소문이 나돈 것 일게다 이쯤 되고 보니 인가난 사장 관계자들이 가만히 있을 리가 없다. 압력이 가해지기 시작한 것도 이와 때를 같이 했다. 쫓고 쫓기고 부수고 아우성치는 치열한 생존 경쟁이 전개되는 것이다. 어느 날인가 그날은 다른 날보다 일찍 퇴근하여 장터를 지나다 보니 그 많던 사람들이 보이지 않고 괴짝 부스러기 더미가 여기저기 흩어져있었다. 도깨비가 밤새도록 장난을 하다가도 새벽이 되면 흔적도 없이 도망친다더니 그 개운치 않은 무언가를 연상케 한다.

그리고 한가운데에 더 이상 말썽을 피우지 말라는 공고 팻말이 박혀있었다. 이제 그 악다구니 끊듯 하는 소음도 사라지려나. 마음속으로 퍽 다행한 생각을 갖게 됐는데 며칠 못가서 바라던 바는 어처구니없이 뒤집혀지고 말았다. 그야말로 이제부터는 "도깨비 시장"으로서의 본격적인 면모를 갖추어가는 듯 했다.

처벌이 무서워서인지 팻말 근처엔 얼씬도 않고 길 양옆으로 물건을 늘어놓고 고성으로 손뼉을 치며 손님을 부른다. 이에 기다렸다는 듯 방망이든 단속자들이 나타난다. 그럴라치면 골목으로 처마 밑으로 고리를 물고 자취를 감춘다. 비 오는 날이면 더욱 혼잡하다.

The Sexual Revolution[10]

한 세대 전만 하더라도 남성들은 자기 아내의 정조와 자기 신부의 처녀성을 요구했었다.

그러나 지금에 다다라선 대부분의 남성들은 그들의 결혼상대자가 처녀냐 아니냐에 대해서는 상관하지 않는 것 같다.

여기에서 눈에 보이지 않는 전환기를 우리는 발견할 수 있는 것이다.

이것은 '성 혁명'이라 이름하여 몇 가지 원인을 분석해보자.

첫째, 두 차례의 세계 대전의 영향으로 남녀는 이같이 변했다.

가정의 유대와 제약을 벗어난 죽음을 눈앞에 둔 분위기 속에서 오랜 해외생활을 한 남성들은 이제 더 이상 여성의 정조를 요구하는 것 같지는 않다. 그들이 낡은 성도덕을 버렸다던가, 그런 기준을 가져 본 일 없는 여성들에게 남성이 익숙해졌기 때문이기도 하다.

둘째, Sex의 상품화에 있다.

상흔이 깃든 사람들은 무엇이 여성의 심정을 사로잡는지 재빨리 알아차린다. 그것은 남성이라고, 따라서 성을 파는 방안이 생긴 것이다.

---

10) 성 혁명

개척시대의 실용적인 남녀관계는 끝장이 났다. 자짓하면 쉽게 빨리 여성이 없어도 현대 문명은 빵을 구워 먹고, 옷을 깨끗이 입고 하는데 구애되지 않는다는 말이다.

우리 현대세계에서는 실제적인 면에서 볼 때 남녀 그 어느 쪽도 이성(異性)에게 필수불가결한 존재는 아니다. 그러나 변치 않는 것은 성 교제에 대한 갖가지 수준의 타고난 욕망이다.

그 욕망가운데 가정과 어린애를 가지려는 소망 그 자체가 가장 높은 수준에서는 욕망 가운데 마음과 영혼의 융합이 깃들어 있는 것이다.

남녀가 서로 상대방에게서 자기의 부족한 것을 찾아낼 때 그들이 가장 행복하다는 것이다.

이것이 영원불변의 진리인 것이다.

다 같이 젊음을 아끼자, 그리고 사용하자.

-1969. 7. 5.

냉전의 바탕에서 우러난 도전과 응전

명색이 여기 조금 일필(一筆)를 한 자신도 월남전 참전용사가 된다는 자부심에서 몇 마디 지껄여 본다.

현대전은 콜워(call war)라고 한다. 그 냉전 자체는 논점자체가 논쟁의 여지가 있는 하나의 논쟁인 것이다. 양 진영은 저마다 하나의 암흑과 맞선 광명의 투사라고 자처하며 상대방이 자기와 같은 주장을 내세우면 짐짓 반대한다.

그러나 적어도 냉전에는 아무도 그럴싸하게 부인할 수 없는 일면이 있다. 냉전(冷戰)은 그 밖에도 다른 무슨 무력이 있든지 간에 세계의 패권을 장악하려는 미·소 간의 투쟁인 것이다.

미·소를 제외한 세계의 나머지 국가(중공을 제외한 나머지 국가들)은 이 두 강대국 중 어느 한쪽의 지배하에 살지 않으면 안 되리라고 여겨진다.

세력 다툼의 참가자가 아니라 세력 다툼의 대상자인 나라들에게는 말할 필요도 없이 어느 쪽을 택할 것인가가 실제적으로 무엇인가가 가장 중요한 문제의 하나다.

만약 그들이 세계의 패권다툼을 하는 두 나라 가운데서 어느 쪽이 이기든지 간에 자기들의 장래가 대동소이하게 이르게 되는 것이라 생각할 수 있는 것이다.

이런 난 문제 속에서 대립되어 월남전은 불을 뿜게 되었고 이십

세기 후반기에 있어서 커다란 세기적 전쟁의 역사를 몇 페이지 역사가들에게 제공해주며 진행되고 있으며 이제 양립의 어느 때, 어느 위치에서든 월남전은 끝맺음을 서두르고 있는 것이다.

나도 여기 이 마당에 총을 들고 푸른 제복을 입었던 한 사람이라는 것을 후대에게 남길 개인의 역사이다.

환송객들의 전송을 받으며

환송객들의 전송을 받으며 춘천을 출발한 열차는 부산을 향하여 힘차게 달리고 있다.

역에 환송 나온 사람, 못 나온 사람들의 얼굴 표정이 다르다.

조금 우울한 감정들을 억지로 해소시키며 차창 밖을 주시하고 있었다.

곡식밭에서 일하는 농부들, 물건을 나르는 인부들, 도로 위를 달리는 뭇 차량들 속의 사람들도 성의껏 손을 흔들어준다.

떠나는 사람들이나 보내는 사람들 모두 얼굴에 나타나는 애듯한 감정들을 감추지 못한다.

누구의 입에선지 청량리역이 가깝다고 한다.

춘천역에서 포기한 그녀!

청량리에서 나올 것이라는 기대, 자못 가슴 울렁인다.

허나 반면에 청량리에서 서지 않는다는 말을 믿고 싶진 않지만 한켠에 불만스럽다.

정거장에 서지 않으면 미련 없이 떠나갈 마음에 각오를 다짐했다.

　헌데 역이 가까워지면서 속력이 줄어든다.

　홈에 나와 있는 인파들이 의외로 많이 나와 있다.

　혹시나 하고 얼굴 하나하나를 훑어본다.

　그녀가 먼저 나를 발견했다. 고맙고 반가웠다.

　반가운 기분에 홈으로 뛰어내리려 했으나 헌병들로부터 가볍게 제지를 받았다.

　어떻게 소식을 받고 나오셨는지 초라한 아버지의 모습도 몇 째 누이동생과 함께 나와 계셨다.

　반가움보다 겁이 앞섰다. 자칫하면 떠나는 마당에 어버이의 눈물을 보아야 될 것 같기 때문이다.

　감정이 약한 나로서는 참기 힘들겠기에 누구에게도 알리지 않았던 것이다.

　그녀의 언니도 귀여운 아기를 안고 나오셨다. 참으로 고마운 마음 금할 길 없었다.

　지금 이 글을 쓰면서도 다시 한 번 감사드리고 싶다. 그리고 아기 아버지의 건강을 빌고 싶다.

　그녀가 건네준 예쁜 포장지의 물건과 사진을 받았다.

　상봉 시 이전에 만나면 무슨 말을 좀 하리라 생각했었으나 막상 할 말을 잊었나 보다.

복 받치는 격한 감정 그리고 주위 환경이 용납을 못 했으라라 여긴다.

지금 생각하니 후회스럽다. 좀 더 따뜻한 대화를 못 나눴을까?

드디어 서서히 열차는 구르기 시작했다.

어버이의 울음 섞인 목소리가 뒤따른다. 손을 흔들었다.

그녀를 보았다. 손을 흔들어준다.

밝은 얼굴에 웃음을 머금는다.

고맙다. 그녀의 얼굴이 점점 멀어진다. 열심히 흔든다.

좁은 차창 밖이나마 최대한으로 상채를 노출하고 그녀를 주시하며 언제까지나 손을 흔들었다.

보이지 않는다. 아우성치며 울부짖던 모두가 말이다.

 자리로 돌아와 보이지 않던 모습을 다시 머릿속에 담고자 사진을 품어보았다.

역시 밝은 표정으로 웃고 있다.

그리울 때면 언제나 대할 것이다.

역으로 나와 주길 역시 잘했다고 생각한다.

착잡한 감정을 피로한 심신을 달래고자 눈을 감는다.

좀처럼 잠이 잘 안 온다. 조금 센티해진 마음들을 달래고자 할 때 누구의 입에선지 백마가가 힘차게 흘러나온다.

　모두들 맞추어 힘 있게 합창하고 계속 지칠 때까지 대중가요로써 목청을 돋우었다.

　제풀에 지쳐버린 전우들!

　밖은 어둡다. 눈을 떴을 땐 대전역이란다.

　어떻게 연락을 했는지 간간히 가족들과 면회하는 모습들이 눈에 띈다.

어수선한 소리에

어수선한 소란에 눈을 떠보니 W백을 갖추고 내릴 준비를 하란다. 아마도 부산에 닿은 모양이다. 집이 부산인 장병들은 저마다 열띤 대화들이 오고 간다. 도보로도 따를 수 있을 정도로 느리게 3부두에 닿았다. 현재 시간은 새벽 5시, 밖은 아직도 완전히 밝지 않았다.

차창 밖으로 내다본 새벽 풍경, 사뭇 거창하다.

부두에 그 큰 선채를 기댄 채 화물을 내리는 선박, 또는 출항을 서두르는 선박 모두가 새롭다. 모두 객차에서 하차, 집합하여 그 중 큰 선채를 향해 승선번호대로 차례차례 선박에 올랐다.

입구에 드문드문 외국 사람들이 보인다. 나중에 안 일이지만 미국, 이태리, 필리핀 등 각국 외국인들이 선박을 운영한단다. 해당된 선실 내무반에 여장을 풀고 내부시설을 살펴보았다. 처음타본 선실 내부는 복잡하면서도 깨끗하게 정돈돼 있다. 솔직하게 조금 얼떨떨한 기분이 든다.

아침식사를 끝냈다. 순전한 양식이다.

몇 번 먹어본 음식이지만 영 탐탁지 않다. 구미에 안 맞는다. 차츰 습관 되면 나아지리라 믿는다. 2시쯤 환송식과 아울러 출항

한단다. 조금 있으니 청룡부대 장병들이 밀어닥친다. 함께 갈 전우들이다. 군악대, 의장대, 높은 분들의 차량이 와서 멎고 면회인들과 환송객들로 3부두는 꽉 찼다.

손에손에 아들 동생 애인들의 이름을 쓴 팻말을 높이 쳐들고 서로 찾기에 아우성이다. 서로들 먼 곳에서 보았으니 대화가 신통치 않다. 소란하기도 하고 거리상 어쩔 수 없다. 배 위에서 내려다보는 장병들, 올려다보는 장병들이 소리치며 울부짖는 사람들, 보는 이로 하여금 눈시울이 뜨거워진다.

부산 KBS방송국 아나운서의 중개와 아울러 몇몇 전속가수들이 나와 가는 이들의 가슴속에 조국의 얼을 심어주고자 애쓴다. 고맙다고 한다.

군악대의 연주가 끝나고 백마가11)가 되풀이 합창되고 고동소리가 몇 번인가 울렸다. 배는 서서히 움직인다. 차마 눈물 없이는 볼 수 없다. 간다고 아주 돌아오지 못할 곳을 간담……. 씩씩하게 싸우고 얼마 안 있다 돌아올 것을…….

점점 멀어지는 인파와 부두, 배와 부두 사이로……. 갈매기 한 마리 외로이 선을 긋는다. 부산의 명물 영도다리도 또한 용두산도 모두가 점점……. 까맣다. 안 보인다. 선채가 흔들림과 함께 몸이 제 멋대로 흔들린다. 꼭 어렸을 때 "고추 먹고 맴맴 담배 먹고 맴맴"하고 난 후의 기분이 좋다.

망망대해! 사방을 바라보아도 수평선, 배 밑 스크루 돌아가는 소리에 맞춰서 선채가 이동한다. 갑판 위에서 내려다보면 때때로 심심치 않은 눈요기 꺼리가 있다. 때 아닌 침범자에 놀란 바닷고기 날치들이 수면 위를 은빛 날개를 아니 지느러미를 펴고 80m 내지 100m씩 파도 위를 나른다.

바다에서만 볼 수 있는 광경이다.

가까운 곳에 일본어선 한 척이 보인다. 반가움에 앞서 그 무엇인가 석연치 않은 감정에 사로잡힌다.

---

11) 보병 제9사단 백마부대의 사단가

육중하고 큰 배
- 1968. 9. 10

우리가 타고 있는 육중하고 큰 배도 산더미처럼 밀려오는 파도엔 가랑잎이나 다름없다.

생전 처음으로 배 안에서 역사적인 첫날밤을 선실 내 층층대 위에서 무사히 보냈다. 이른 새벽 눈을 떴으나 골이 무거운 게 영 신통치가 않다. 아마도 배의 로링 때문일 것이다. 세면도구와 타월을 걸치고 세면장으로 향했다. 눈에 띄는 전우마다 얼굴표정이 자못 심각하다. 타인의 감정을 읽는 순간에도 자꾸만 비틀거린다.

무거운 머리를 가라앉히려고 갑판 위로 올라갔다. 먼저 나온 전우들이 여기저기 보인다.

아침 태양이 눈부시게 찬란하다. 수평선 위로 붉은 서광을 발산하며 거창하게 떠오르는 장엄한 풍경! 육지에서는 억만금을 주고도 못 볼 장면이다. 자연의 숭고함에 머리가 숙여진다. 갑판 아래 수면을 내려다보니 파도는 비교적 잔잔하다.

우리들의 유일한 벗이 되어버린 날치들이 떼를 지어 난다. 양옆 지느러미가 잘 발달되어 물제비 같은 날씬한 몸매를 과시하며 경주하듯 날아오른다. 멀리 가는 놈은 100m는 족히 날아오르는 것 같다. 귀여운 놈들이다.

오늘도 귀여운 놈들을 벗 삼고 하루를 보낼 것이다.

선체가 지날 때마다

선체가 지날 적마다 흰 물거품을 뒤로 남기며 파도가 부서지는 서슬에 태양이 반사되어 작은 물방울로써 오색 무지개가 순간적으로 아롱진다. 배안의 생활도 제법 익숙해졌다.

약간의 배 멀미를 느끼나 자신 있게 견딜 것 같다. 갑판 위에 한동안 서 있노라면 해조음에 온몸이 끈적끈적해진다. 안 보이던 갈매기가 바다 위에 배 위를 선회한다. 제비들도 하나둘 눈에 띈다. 조금 있으니 누구에 입에서인지 육지가 보인다고 소리친다. 멀리 수평선 너머로 섬이 보인다. 아마 타이베이 섬일 것이다. 그

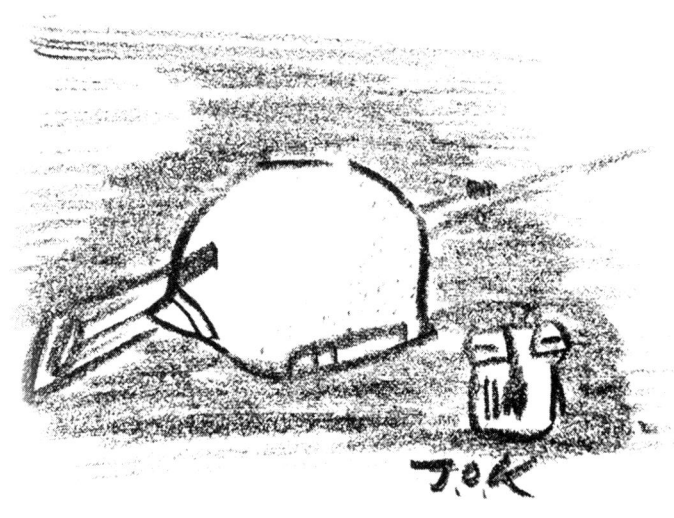

래서 섬이 보이고 바다 위에는 해초더미가 떠다닌 것 같다. 며칠 동안 못 본 육지가 그리고 탄성을 지르고 야단인데, 몇 달 동안을 항해하는 마도로스들의 심정을 십분 이해할 것 같다.

문득 美가 보고 싶어진다. 언제가 美에게 보여준 초록 패스워드 속 나의 사진과 나란히 꽂아놓은 그의 모습, 자주 보아도 싫지 않다.

드넓은 바다 위에 남십자성을 바라보며 저물어가는 수평선을 바라본다. 고독과 외로움이 엄습한다. 그래도 나는 외롭지 않다. 美가 언제나 나와 함께 나의 가슴속에 외로운 나그네의 길잡이가 되어줄 것이다.

- 1968. 9. 11.

되풀이 되는 생활

되풀이 되는 선채 내의 생활, 차츰 권태로움을 느낀다.

최대한의 아량을 베풀어 자유를 주어서 그런지 식사 때는 잡담을 나누거나 코리언라이프지를 들추어본다. 그것도 싫증이 나면 침대 위에서 뒹굴다 낮잠을 잔다. 좀 게으른 친구들은 단잠에 떨어져 식사 때를 놓치기가 일쑤다. 군기와 질서를 유지하려고 하사

관급들이 설치지만 도대체 말들을 들어먹지 않는다.

핑계가 좋다. 멀미를 해서 골이 아프다는 둥, 코에 걸면 코걸이, 귀에 걸면 귀걸이 대답과 행동이 다양하다. 대한민국 군대가 이와 같이 군기가 빠진다면 그야말로 큰 일일 것이다. 사단에 근무하는 아는 전우로부터 들은 바에 의하면 타고 있는 배의 총책임자가 아는 분으로 이 중령 함장이란다. 점심을 마치고 찾아뵙기로 했다.

얼핏 생각하기에 배 안의 구조가 단조로울 것 같으나 그렇지가 못하다. 상층 장교들의 선실은 밑에 기거하고 있는 선실과 환경이 아주 다르게 아름답게 꾸며 놓았다. 노크를 하고 대답과 아울러 도어를 열었다. 약 10개월 만에 뵙는다. 반갑게 맞아주셨다. 월남 가셨다는 말은 들었는데 파월장병을 위해 애쓰고 계신다. 몇 마디 의문 나는 점과 여담을 나누고 돌아왔다. 또 놀러오라고 하신다. 사병들하고 거리 없이 가깝게 지내는 분이다. 나도 그분하고 탁구를 몇 번 쳐본 기억이 난다.

내일 아침이면 다낭에 도착하여 청룡들이 내리고 귀국하는 청룡들이 탄다고 한다. 머리 위에 비행기 한 대가 배 위를 몇 번이가 선회하다가 멀어져 간다. 아마도 마중 정찰 나온 것이겠지!

내일은 월남 땅을 보겠지 하는 부푼 꿈을 안고 잠자리에 들련다.

    − 1968. 9. 12.

한가한 시간

한가한 시간을 이용하여 몇 자 떠 적어본다.

글 쓴다는 자체가 좋은 것이기는 하나 연필을 들기까지가 좀처럼 어렵다.

누구를 위해서가 아닌 만큼 되도록 책과 연필을 자주 드는 버릇을 길러야 될 것이다.

침대를 나란히 하고 있는 전우들이 하는 말이 구질구질하게 뭘 또 끼적이느냐고 빈정댄다.

놈들 별 걸 다 참견한다.

심심해서 글씨 연습하노라고 대꾸를 한다.

오늘 아침 다낭항에 입항하였다. 우리나라의 부산항이나 별 차이가 없으나 부두에 널려진 군수품들이 눈에 띄며 멀지 않은 곳에서 별안간 총성과 포성이 은은히 들리어서 가벼운 전율마저 느끼게 되어 의기소침해짐을 어쩔 수 없다.

그런데 조금 있다 알고 보니 우리가 탄 배가 고깃배들의 통로를 가로질러 왔으므로 막혔던 길이 트이자 이른 아침부터 크고 작은 모터 달린 고깃배들이 떼를 지어 탁한 바다 위를 누빈다.

한동안 바라보아도 끝이 없을 것 같다.

수백 척은 될 것 같다. 간간히 여자 뱃사공들이 삿갓을 쓰고 뱃전 위세 서서 유유히 떠난다.

한층 이채롭다.

하늘엔 갖가지 헬리콥터와 비행기들이 부둣가를 진동시키고 있다. 결국 올 데를 왔구나 하는 생각이 든다.

좀 있으니 작은 트랙터에 월남 고유의 이오자이와 삿갓을 쓴 10명의 여자 노동자들이 바다 선창 밑에 운집해서 자기들끼리 무엇인지 떠들며 담배를 피운다.

내려다보던 백마 장병들이 처음 보는 월남 여자들이 신기해서인지 "꽁까이"를 연발하며 손들을 내두른다. 그녀들도 뭐라고 소리치며 손을 들고 답해준다.

나로서는 월남인 여자를 처음 본 선입견이 영 좋지 않다.

나라는 놈은 원래가 여자를 신성시해왔고 지금도 신성시 하고 있다. 그 중 누구보다도 청신하게 아끼는 美!

크지 않은 몸매에 흰 아오자이 자락을 오늘 처음 보아온 부두노동자들 때문에 조각이 나고 말았다.

물론 내가 지금 본 그녀들이 월남인 여성 군번은 아니겠지만 하나를 보면 열을 알 수 있듯이 어느 정도 그녀들의 면모를 엿볼 수

있다.

하나 같이 검은 얼굴에 빈약한 몸매, 아무렇지 않게 입에 문 담배꽁초, 참으로 인상적이다.

이것저것을 감상하고 있을 때 그간 미우나 고우나 한 선실에서 며칠 동안 침식을 같이 해오던 청룡들이 하산하여 줄지어 제 갈 길을 찾아간다.

그렇게도 의기양양하고 기고만장하게 설치던 그 모습들이 어째 신통치가 않다. 억지로 얼굴을 들고 웃음을 머금은 그 모습엔 불안과 초조한 그림자가 깃들여져 있다.

천지를 진동하는 포소리와 작열하는 불더미 속으로 헤맬 것을 염두해둔 억제의식이리라.

나 자신도 비슷한 감정을 누를 길 없음은 당연한 소치 일 것이다.

부두에서 일하고 있는 한국인 기술자들의 반가운 환영에 얼마 안 되는 항해였으나 조국에서 기다리는 부모형제를 생각할 때 한 층 더 애뜻함을 달래길이 없다.

여러 가지 감정이 뒤얽힌 사고방식을 정리하고 그리운 사람의 환영을 더듬으며 고운 꿈을 꾼다.

― 1969. 6. 27.

5부

각종 신문·잡지 기사

일본! 이길 수 있다(상) - 일본해외축산연수 기행문
- 월간 <낙농·우유> 1993년 12월호

본인이 납유를 하고 있는 건국대학교에서 지역낙우회 소속 회원 중 우수 낙농인을 선발하여 해외 일본연수계획에 의해 우리 낙우회에서도 선발 과정을 거쳐 본인이 선정되었다. 끝까지 경합을 벌인 두 사람에 대해여서는 미안한 마음과 감사한 마음을 금할 길 없었다. 왜냐하면 연장자인 나에게 양보를 하여준 것이다. 그들의 배려에 보답하고자 무사히 다녀와서 보고 들은 사실에 대하여 상세히 보고를 드리리라고 마음먹었다.

건국대학교 낙농부로부터 1993년 7월 19일 16시까지 학교 내

사무실로 간단한 소지품과 간편한 복장으로 집합하라는 통보를 받았다. 4박5일 예정으로 일본에서의 견학 내용은 일본 낙농업의 현 주소는 어디인가? 일본에서는 어떠한 시설을 작추고 가축을 사육하고 있는가? 그들은 UR에 대비해서 어떠한 정책을 쓰고 있는가? 등등에 대해서 직접 알아보고 체험하기 위한 것으로 일본이와떼현 시즈카이시에 있는 한 농촌 민박집에서 민박을 하면서 연수를 받게 되는 것으로 19일 소집일까지 합쳐 약 1주일간을 집으로부터 떨어져 있게 되었다.

해외연수 건을 집사람에게 조심스럽게 의논할 적에도 사실은 허락(?)을 안 해줄 줄 알았다. 그런데 의외로 선선히 집 걱정 말고 잘 다녀올 것을 당부하였다. 모처럼의 기회인데 고생이 되더라도 감수하겠노라고, 일생에 여러 번 찾아오는 행운이 아닐 것이라며 기꺼이 승낙해줄 땐 정말 마누라한테 미안하고 고마웠다. 헌데 두 마리의 소의 분만 예정일이 연수기간동안 들어 있어 불안한 마음을 돌아올 때까지 남아 있을 것 같다.

아무튼 19일 오후 5시경 사장님과 농업기술자협회 회장님의 간곡한 부탁의 말씀을 듣고, 여권 기재, 환전 등 짜여진 각본대로 진행되어 가고 있다. 식사를 마치고 배정된 기숙사에서 자리를 펴고 누운 사람, 앉아있는 사람 등 내일 출발에 약간은 들뜬 기분들로 잡담을 나누었다. 나 또한 처음 타보는 여객기에 대한 호기심

▲ 맨 왼쪽이 필자 김제욱 수필가

과 도착해서부터의 일정에 대해 막연한 기대와 불안함을 함께 느끼며 월남 참전 시 느껴 보지 못했던 기분을 실감하고 있었다.

여하튼 주사위는 이미 던져진 상태이다. 적을 알아야 백전백승 한다는 말이 있듯이 일본생활에 이골이 난 양 박사에게 질문 공세들을 펼쳤다. 6년여의 일본생활에서 얻은 지식의 다양한 말거리들을 해박한 언변으로 조목조목 설명해 주었다. "일인들을 너무 동경한 나머지 신비롭게 까지 느끼는 사람은 관념을 바꿔라, 그렇다고 그네들을 쪽바리로 얕잡아 보고 우습게 보는 것은 더더욱 금물"이라는 알쏭달쏭한 얘기들을 구수하고 실감 있게 들려주었다.

나부터도 그들을 평가할 때 어디쯤에 기준을 두고 일인들을 이해해야 될지 생각해 본다.

　일본의 작가 야마오까 소하찌가 쓴 『대망』이라는 소설을 접할 기회가 있어 그 내용에 빠져 든 적이 있었다. 군웅할거시대 때 걸출한 인물 노부니가가 천하를 통일해 갈 때 그 휘하에 히데요시라는 볼품없는 인물이 들어오게 된다. 생긴 건 쥐새끼같이 생겼지만 지략이 뛰어나고 용맹스러워 주군으로부터 총애를 받으며 직책이 하늘 높은 줄 모르게 올라갔다. 그도 그럴 것이 싸웠다고 하면 이긴다. 그야말로 파죽지세로 온 일본을 손아귀에 넣어간다. 원숭이 같은 몰골에 쥐새끼 같은 상판으로 바늘장사를 핑계 삼아 '어느 성주가 유능한가?' 천하를 잡을 인물을 물색하던 중 제대로 주인을 만났던 것이다. 그러나 그가 천하를 호령하는 위치에 군림했다 해서 뜻대로 함부로 다루지 못하는 사람이 있었으니 그가 바로 도꾸가와 이에야스이다. 조그만 성주의 아들로 태어나 온갖 풍상을 다 겪으며 덕장으로서의 면모를 갖추어 나간다. 불교를 숭상하여 몸소 실천하고 새로운 문물을 받아들여 진취적인 정책과 인재를 등용하여 훗날 그야말로 명실공이 오늘의 일본을 만든 장본인이 아니었나 생각한다. 우리나라는 그 즈음 어떠했나? 사색당쟁을 일삼고 새 문물을 배격하며 우물 안 개구리처럼 더 넓고 좋은 세상을 만드는데 등한시 하지 않았던가?

이에야스는 어떠했는가? 선교사들이 배타고 찾아오면 배척은커녕 '어서 오십시오.'라는 식으로 서양인을 잘 대접하여 그들의 문물을 최대한 받아드리고 배워서 큰 배를 만들어 할일 없고 갈 곳 없는 낭인들을 동남아 곳곳으로 방출하여 국위를 떨쳐 나갔던 것이다.

본인의 생각에 일본은 그 시점에서 부터 경제, 사회, 문화에 걸쳐 많은 세월의 간격을 벌려 놓은 것 같다. 우리로부터 많은 것을 배우고 따르던 그들이 언제부터 인가 우리를 능가하고 있었던 것이다. 소설 속의 사람들이었지만 그 후손들은 지금 어떤 모양새의 삶을 살아가고 있는지……. 호기심과 설렘, 기대감마저 느껴진다. 내일 10시에 김포공항에서 출발, 센다이공항에 언제쯤 도착할 것인가 가슴 설레며 잠을 청해본다.

일본 도착
- 1993년 7월 20일

분주하고 꽤는 어수선하고 서두는 듯한 아침이다. 체류기간동안 모든 안내와 통역, 그리고 인솔 책임을 도맡다시피 할 양 박사로부터 간곡한 주의와 부탁의 말을 되새기며 처음 겪어본 때문인지 꽤는 까다롭고 지루한 통관절차를 마치고 줄을 잇는다. 비행기에 탑승하여 자기 자리에 앉아 이륙시간을 기다린다. 말로만 듣던 스튜어디스의 안내를 받으며 '아! 정말 이제는 떠날 것이구나.' 생각해 본다.

드디어 굉음과 함께 잠시 후에 이륙의 순간을 감지하였다. 기체 밖을 내다본다. 기체 밑에 펼쳐지는 강, 건물들이 기체 상승과 더불어 아스라이 멀어져간다.

센다이 공항으로 가는 승객들이 많지 않아서인지 제자리를 이탈하여 기체 밖을 내다 볼 수 있는 곳으로 옮겨 앉는 사람으로 분주하다. 나도 양 회장과 같이 밖이 잘 보이는 곳으로 옮겨 앉았다. 구름조각들이 솜을 펼쳐놓은 듯이 있기도 하고 없기도 하며 그 사이 사이로 푸른 바다가 내려다보인다. 말로만 듣던 기내식을 먹으며 맥주 한 캔을 청해 마셨다. 2시간여 의 비행 끝에 육지를 향해 하강, 착륙하려할 때 고막이 막히고 골이 '띵!'하며 기분이 영 엉망이다. 술을 한잔한 탓에 나만 그런가 하였는데 나중에 들으니 기류 탓으로 여러 사람이 그런 증세를 보였다고 한다.

드디어 착륙, 일본에 도착을 하였다. 창밖을 내다보니 잔뜩 찌푸린 비행장 내 잔디밭 위로 까마귀 떼가 선회하며 날갯짓을 하고 있다. 통관을 거쳐 밖으로 나오니 목적지 안내를 맡아주실 오가와 씨와, 운전기사가 마이크로버스로 안내해주며 서툰 우리말로 "안녕

하세요?"라고 인사를 한다.

　공항을 뒤로 하고 버스는 제 갈 길을 가고 있다. 오가와 씨와 양 박사는 잘도 통한다. 잠깐 안내 말이 있었다. 목적지 도착 전, 중간에 식사를 하고 중존사라는 절에 들러 갈 것이라고 한다. 우리 식으로 휴게실 같은 곳에 식당, 잡화점 같은 곳으로 들어갔다.

　양 회장, 이 총무, 한 회장과 나, 그렇게 넷이서 식사를 하기도 했다. 일본에서의 첫 식사였다. 돈까스 비슷한 것을 시켜놓고 잠깐 하던 버릇대로 얘기를 나눈다는 게 소리가 좀 컸었나 보다. 건너 테이블에 친척들인지 여럿이 식사를 하면서 우리들을 힐긋힐긋 쳐다보며 수군댄다. 아차! 싶다. 항상 말을 조용조용하라는 당부 말이다. 그렇지만 큰소리를 낸 게 아니라 그네들이 얄밉도록 조용한 게 문제(?)가 아닐까?

　식사를 마치고 다시 차에 오르니 한참을 달린다. 기사가 길을 잘못 들었나보다. 틈을 봐서 차를 돌려 다른 방향으로 달리고 있다. 길옆 공터 같이 생긴 곳에 차를 세우기에 하차를 하고 보니 뺑 둘러서 상가, 음식점, 기념품 판매점들이 늘어서 있다. 이곳이 중존사란다. 절에 오르는 길옆 나무들이 하늘을 찌르듯 높이 자라고 있다 국내에서는 보지 못한 수종인데 특이한 것은 하나의 뿌리에서 2~3 그루씩 사이좋게 자라고 있었다. 우리나라 사찰을 오르는 길은 항상 단정하고 깨끗한 느낌을 주는데 이곳은 다르다. 얇은 나뭇가지 또는 돌부리 등에 어지러이 메모쪽지 같은 것들을 꽂아 놓고 있다. 무슨 내용인지는 몰라도 소원을 염원하는 글귀가 씌 있으려니 생각했다.

중존사 내력을 들어보니 사찰을 지을 때 미이라를 절 어딘가에 모셔둔 것이 지금까지 전해 내려오고 있다고 하며 누각 하나를 온통 황금으로 도색해 놓은 것이 인상적이었다. 박물관이라고 해서 돌아보니 우리의 것에 비해 너무 초라하고 유치하다고 느꼈다. 뜰 아래 잔디밭에서 '쉬이-'하는 소리가 들려 돌아다보니 드물게 큰 화사(花蛇)12) 한 마리가 냅다 도망을 가고 있다. 기념촬영을 하고 내려오는데 시간이 다 되어서 그런지 가게들이 문을 닫아 거리가 썰렁하다.

다시 차에 올라 고속도로를 달렸다. 이 곳의 차는 오른쪽에 운전석이 있어서 우리와 반대이기 때문에 운전을 하는 옆 좌석에 앉은 나는 운전기사의 운전하는 모습이 아무래도 편치 않아 뵈는데 고속도로를 잘도 달린다.

펼쳐지는 풍경들이 우리네 산천과 별 다를 게 없다는 느낌인데 한 가지 주택들이 잘 정돈돼 있었으며 정원수, 꽃나무 등이 제자리를 찾은 듯이 그럴듯하게 모양을 갖추고 있다. 그런데 공항을 출발, 이곳까지 오는 동안에 의식적으로 무언가 다른 느낌을 받았

---

12) '꽃뱀'이라고도 하고 '유혈목이'라고도 한다.

다. 내가 집을 나설 때에는 밤꽃이 거의 다 져가고, 늦게 심은 옥수수지만 한길 이상씩 자란 것을 보고 왔는데 이곳의 밤나무는 이제 한창 피어나고 있다. 옥수수도 이제 한 뼘 정도 자라고 있다. 나중에 깨달은 일이지만 우리가 다녀온 곳은 북위 40도에 위치한 곳이기 때문에 우리나라보다 추운 곳으로 풀이가 되었다.

4박5일간 숙식할 곳이 어떠한 곳이며, 그 집 주인은 어떤 첫 인상을 우리에게 심어 줄 것인가? 그리고 음식을 공기에 조금 담아 준다는데……, 입에 맞지 않는 음식만 주어 배만 곯다 마는 것인지……. 이런저런 생각을 하는 동안 차는 목적지에 당도했다. 주인 부부가 나와서 인사를 한다. 남자의 이름은 '가마다'라고 한다.

공항에서 버스에 오를 때 버스 옆에 영어로 '가마다'라고 쓰여 있어서 무슨 버스 회사이름이려니 했는데 알고 보니 주인의 이름을 새겨 쓴 것이었다. 대단한 자긍심을 가진 사람인 것 같다. 안주인이 머리를 까닥까닥하며 거푸 인사를 한다. 상냥하고 친절해 보이기는 했는데 양박사의 말이 떠올라 고소를 금할 길 없었다.

'그 사람들의 몸에 밴 가식의 인사'라는 말이다.

공항에서 마중을 나와 이곳까지 인도해준 오가와 씨가 서둘러 귀가를 하려한다. 저녁 착유 시간에 맞추어 한 몫을 해야 한단다. 모두들의 의견이 기왕이면 착유하는 과정을 견학하자는 쪽으로 모아져서 오가와 씨가 먼저 출발을 하고 우리가 뒤따라 출발을 하여 도착을 하고 보니 이미 착유 중이었다.

계류식 우사 내에 양쪽으로 쭉 늘어 선 소들이 당당하다, 부인과 아들, 셋이서 그 많은 소를 돌보고 있다. 목부 없이 열심히 일하는 근면성은 본 받을 만하다. 협회장님의 모가와 씨에 대한 극찬론이 수긍이 간다. 일도 일이지만 연령을 초월한 의지와 정신력은 알아주어야 할 것이다. 거꾸로 U자 (A) 모양의 보정 틀을 조이고 착유하는 모습이 라이너가 바닥에 떨어짐을 방지하기 위함인 것 같다. 하루에 한 번씩 바깥 구경을 시키고 종일 계류시켜야 하는 사양관리 방법이 이해가 잘 안되었는데 곧 그 이유를 알고 이해하게 되었다. 많은 두수를 관리하려다 보니 어쩔 수 없는 방법이라고 한다.

오가와 부장을 뒤로 하고 숙소로 돌아 왔다. 현관에 들어서니 가지런하게 놓여 있는 실내화가 눈에 들어온다. 양 박사가 또 잔소리를 하신다.

'가지런히 정돈해라, 그리고 조용조용'을 강조한다. 이건 절에 온 새색시요, 말 잘 듣는 학생들 같다. 방을 배정 받았다. 그래도 조과장의 배려가 눈에 띈다. 아무래도 서로 안면도 있고 이웃해 있는 낙우회를 묶어서 배정함이 좋을 듯싶었는데 잘된 노릇이다. 2층 305호실. 오는 도중 식당에서 자리를 같이했던 4명이 한 방을 쓰게 됐다. 욕탕을 다녀온 후 이런 저런 앞으로의 일정, 또는 마지막 날 우리들만의 시간에 대해 기대를 가지며 잠자리에 들었다. 요란한 코고는 소리에 눈을 떠보니 한회장이 숨을 들이 쉬고 내쉬는 소리가 안 난다. 공연히 떨리는 가슴을 진정시키고 기다리고 있으니 한참 만에 내 쉬는 소리와 함께 코를 요란하게 곯아댄다. 답답하고 시끄럽다. 어쩐지 잠자리를 굳이 가장자리로 정하려고 애쓰던 생각이 난다. 나중에 들어서 알았지만 교통사고로 죽을 고비를 넘긴 그 후유증으로 그 증세가 나타난다고 한다.

일본! 이길 수 있다(하) - 일본해외축산연수 기행문
- 월간 <낙농·우유> 1994년 1월호

목장견학
- 7월 21일

5시경이면 일어나는 습관이 있어 눈을 뜨자 바로 창문을 열고 보니 바깥은 잔뜩 찌푸린 날씨가 신통치 못하다. 기왕이면 화창하기를 바랐는데……. 오늘 방문 목장 중 첫 방문지인 이또오 씨 목장으로 출발을 하였다.

작달막한 키에 다부진 체격이 아버지를 닮았다는 이또오 씨 내외는 부모님을 모시고 아이들과 같이 목장을 꾸려가는 화목한 가정이다. 부인이 몇 개 국어를

구사하는 인테리어라고 한다. 우리네 목장에도 그런 여자들이 있듯이 막 일을 하며 자란 여자 같지는 않다. 계류식, 스탄촌식의 우사시설에 방목장 겸 운동장으로 약 1,500여 평을 이용하고 있다. 시설은 우리네와 별 다를 게 없이 일륜차로 우분을 실어 나르고, 분받이 통로에 깔 짚을 뿌려 주어 분이 튀기지 않게 했으며 워터 컵을 사용한다. 엔시레이지를 넣을 수 있는 탑은 멋있게 세워져 있는데 사용하지 않고 있었으며 건초 식으로 마르거나 조금 덜 마른 것들을 비닐 백에 넣어 보관한다. 알파파, 연맥, 건초 등 주로 조사료 위주로 관리하고 있었으며 시설은 별로 본받을 게 없었다. 그러나 제일 중요한 것은 이또오 씨로부터 배웠다. 낙농을 그만 두더라도 이 사람은 뇌리에서 쉽게 지워지지 않을 것 같다.

지금은 힘들고 고통스러워도 언젠가는 노력한 만큼의 대가를 꼭 지불받고야 말겠다는 강한 의지는 높이 사 주고 싶고 우리 낙농인들도 깨달음이 있어야겠다.

전 일본 낙농 수준에 비하면 중간, 북해도 목장 규모에 비하면 최하위라 했다. 과다한 노동력에 비해 만족스럽지 못하고 정부로부터의 간섭을 마땅치 않게 생각하며 지원자금, 중장비 구입자금 융자 따위에 얽매여 고민이 많을 것 같은 인상을 받았다.

다음 코스인 가축개량사업소를 향하면서 방금 다녀 온 이또오 씨 앞날에 건승을 빌고 싶어진다. 이스라엘 등 선진 낙농을 두루

여행하면서 보고 들은 것이 많은 사람이니 경제적인 여건만 주어지면 그 의지로 틀림없이 성공할 것이다.

가축개량사업소에 들르기에 앞서 고이와이 유가공 공장을 둘러보고 소암정 목장을 방문을 하였다. 규모가 크고 대단했다. 좋은 목재를 이용한 우사는 단단하고 거창해 보였다. 후리스톨 개방식 우사인데 건축비가 엄청났을 것 같다. 우리들 처지에는 그림의 떡인 셈이다.

목적지인 가축개량사업소에 도착을 하니 미리 연락을 받아서 인지 반갑게 맞아 주며 안내 된 강의실 책상 위에는 책자와 볼펜, 모자까지 준비되어 있다. 상업적 근성이 엿보인다. 우수한 많은 정액을 생산하여 세계시장을 주름잡겠다는 소장의 의지가 대단하다 종모우 138두, 화우 18두, 홀스타인 115두를 확보하여 연간 34만 본의 정액을 생산 공급하는데 현재 중국, 타이, 인도, 파라과이 등 동남아시아로 수출을 하고 있다고 한다.

강의가 끝나고 종모우를 돌아보러 나갔는데 조그마한 창고로 들어간다. 신발을 벗고 장화로 갈아 신었다. 비올 때를 대비해서 우산까지 준비되어 있다.

말로만 듣던 '화우', 즉 검정색깔을 띤 갈색의 소들이다. 우리나라의 축협중앙회 사업소에서 인공수정 교육을 받으며 종모우들을 돌아보았지만 외모 상으로는 별 차이를 느끼지 못했으나 성능(?)

은 좋은 놈들이란다. 우리가 둘러보기 좋게 한 마리 고리에 꿰어서 매 놓았다. 너희들 구경거리가 되느라 답답하다는 듯 성깔 있는 몇 놈은 식식거리며 발굽으로 흙을 박차고 있다. 정액 채취용 가짜 암놈을 최신식으로 교체를 했는데 그럴듯하다. 모피로 덮은 놈을 종모우가 승가 할 수 있도록 미비점을 잘 보완하여 만들어져 있었다. 우분은 자동 스크랩되어 바로 밀어내져 분뇨차에 실려지고 있다.

면장님 면담
- 7월 22일

오늘은 구로마게현 면장님을 접견하고 농협 조합장과 관계자들을 만나 현실적인 가슴에 와 닿는 얘기들을 나누었다. 여기까지 오는 동안 깎아지른 절벽과 굽이굽이 돌아가는 모퉁이 길은 강원도 산골로 가는 기분을 느끼게 한다.

자료실에 들어가니 젖소에 관한 기구들이 과거와 현재의 차이점을 강조하듯 잘 진열되어 있었으며 우유로 만든 넥타이, 유제품들을 자랑스럽게 설명하였다.

우리나라로 말하면 옛날 첩첩산중에서 숯을 굽고 약초를 캐며 생활하던 그런 입지 조건을 가진 부락이다. 과거에는 목탄으로 유명했으며 현재 낙농을 하는 사람이 70%나 되며 나머지는 농사를 짓는다고 한다. 또한 포도를 많이 가꾸어 포도주 공장으로도 알려졌으며 논농사는 극히 열악한 상태이다. 낙농을 하는 사람들이 우리나라와 마찬가지로 애로가 많은 모양이다. 늘어나는 빚을 갚지 못해 1/3이 이주 또는 야반도주를 했다고 한다. 입지조건이 그러해 어쩔 수 없어 낙농에 발을 들여 놓았으나 현재도 어렵고 장래도 또한 비관적인 견해를 갖고 있다.

면장님도 30여두를 관리하며 직장을 갖고 있었으며 농협 조합장도 아침 일찍 일어나 착유를 마친 후 출근하고 퇴근 후에도 마찬가지로 일상생활을 해 나가고 있었다. 면장님은 그래도 여유가 있는 듯 했다. 30여두 착유로 그럭저럭 생활을 하는 편이나 적은 마리수로 직장을 오가며 고생하는 조합장은 어렵게 생활하는 눈치였다. 자식들은 목장에 대해 전혀 관심이 없었으며 부모 일을 도우려하지도 않는다고 한다. 조합장의 말이 자기 대에서 목장일이 끊길 것이라며 장래성이 없음을 솔직히 털어놓았다. 그러나 우리나라 현실로 볼 때 부부중심으로 30여 두 착유할 수 있는 규모이면 전업농으로서 손색이 없는 것으로 알고 있는데 일본에서는 어림도 없는가 보다 그런 상황을 감안해 볼 때 우리의 처지가 훨씬 좋지 않나 생각해 본다. 낙농을 비관적으로 볼 때 폐업을 해야 될 날이 온다면 일본보다는 우리가 더 희망적인 요소를 안고 있는 것이 아닌가 생각해 본다.

무거운 기분을 안고 새로운 견학 목장을 향해 달려갔다.

오짜이목장! 정말 그림 같은 초원 위에 집을 짓고 목장을 갖춘 시범 목장이었다. 여태껏 무거웠던 기분이 사라져 버렸다. 그러나 이곳도 문제는 안고 있었다.

부모로부터 물려받은 그림 같은 초원과 집, 우사가 있으면 무얼 하리. 39살의 노총각으로 우리 현실과 비슷한 처지라, 혼기를 놓치고 있었다. 구즈마게현에서는 규모가 제일 큰 목장이며 부모의 노력으로 확고한 기반을 닦아 놓은 상태에서 아들이 운영을 하고 있는 2세 낙농인이다. 계류식 우사로 우분은 스크랩 바로 활용되며 사료포를 만들어 사일레이지를 만들어 급여하고 있었으며 우공들의 산차는 13개월, 수정은 2회 실시해서 안 되면 미련 없이 도태해 버린다고 한다.

우사 내에 대형선풍기를 양쪽 통로에 설치하여 쾌적한 휴식 공간을 만드는데 최선을 다 했으며 우상 바닥을 고부깔판을 깔았으며 우분이나 오물이 묻지 않게 톱밥을 뿌려 주고 있다.

다음 방문지인 다나가시 유업체에 들렸다. 1개면에 2개 공장을 유치하고 있었으며 허가를 내 준 동기는 타 도시에서의 소비를 전재로 한 것 같다. 전량 시유로 판매되며 살균처리는 3가지로 분류된다고 한다. 저온살균기술은 한국으로부터 자문을 구해 설립됐다 하니 약간 으쓱해지는 기분이다. 전 공정이 자동시스템으로 되어 있으며 집유차가 나갈 때, 들어올 때만 체크하고 있다.

건초생산 견학
- 7월 23일

오늘은 해발 1,001m에 위치한 치바 목장을 첫 방문지로 삼고 찾아 가는데 산골길을 돌고 돌아 자꾸만 정상으로 오르고 있었다. 드디어 목적지에 다다르니 밋밋한 봉우리들을 잘도 개간하여 초지로 만들어 놓았다. 정부에서 집중 지원하여 7~8명씩 집단으로 운영, 단지화되어 있다. 건초 생산은 모두 기계 장비로 해서 이어지고 있다. 길가나 계곡, 어디를 보아도 우엉같이 생긴, 잎이 넓은 식물들이 산재해 있는데 몇 명의 아낙들이 줄거리를 자르고 다듬고 있다. 아마도 식용으로 쓰이는 나물종류인 것 같다. 골짜기는 가파르고 험해도 정상은 밋밋한 구릉을 이루어 초지 조성에 큰 몫을 하고 있는 것 같았다. 우사의 구조는 후리스톨 방식이기는 하나 우리나라 계류식 우상과 같이 칸을 막고 바닥 우분을 긁어내는 방법을 택하고 있다. 후리스톨방식으로 소를 관리하다 보면 지저분한데서만 골라 눕는 놈들이 있는데 그런 소들은 문제가 있는 소라고 한다. 그런 놈들은 가차 없이 도태를 시킨다고 한다.

구즈마게 축산개발공사

  목장을 18년 전에 설립했으며 정부가 70%, 자부담 30%로 1,000ha의 초지를 조성했다. 18년 전부터 300두 규모로 대리 사육, 또는 목초를 가꾸어서 농가에 판매, 이익을 남기고 있었으며 현재는 360두 규모에 매출액은 10억이란다. 비육우를 1,500두 사육하고 있으며 각 지방에서 모집, 위탁 사육을 하며, 다각적 사업 규모로 레스토랑, 버섯, 닭 등 갖가지 사육으로 전 일본을 통해서 최초로 성공한 공공사업으로서의 진가를 높이고 있었다. 높은 산간 경사지에 좋은 목초를 생산하는 비결은 옥수수를 3년씩 윤작, 목초를 10년 심는단다. 노후 된 초지를 다시 양질의 밭으로 만드는 방법은 우선 목초 뿌리를 추려 낸 다음 옥수수를 재배. 키 큰 옥수수 밑에서 3년여에 걸쳐 잡초는 자연 소멸된다. 좋은 조건과 상당한 노력에 의한 결실로 전국 규모 품평 대회에서 챔피언 또는 최우수 평가를 받는다고 자랑스럽게 이야기하고 있다. 비육을 하되 일본인이 좋아하는 육질을 만들고자 거세를 기본으로 하며 20개 월 사육하여 800kg 때에 출하를 한단다.

요꾸나카야마 농협

준 고랭지대로 제일 냉한 지역은 16°~20°까지 기온이 내려간다. 낙농을 중심으로 하되 양배추, 상추등 원예작물도 병행하여 재배하며 600여 호의 농가가 정착한 곳이다. 낙농가의 숫자는 줄어드는 추세이나 두수는 늘어나는 현상을 나타내고 있다. 우리의 현실과 다를 것이 없다. 톱밥을 제조하여 농가에 공급하고 다시 거두어 들여 숙성 발효시킨 후 양질의 유기질 비료로 둔갑시킨 후 원예농가에 값싸게 공급하고 있었다. 우리나라 조합들도 본 받아야 할 것이다.

마쓰가와 목장

부부중심의 목장으로서 성우 80두, 육성우 40두, 저지와 홀스타인을 함께 키우는데 저지는 유량은 적지만 지방이 높기 때문에 선호한단다. 조사료 자급도는 50%로서 노동력 절감을 감안해서 후리스톨 방식의 우사인데 특이한 것은 나무 전주대를 이용, 탄탄하게 만들어 놓았다

중도 목장에서

목장 주인은 조합장이며 농협중앙회 이사이시다. 부인이 혼자 마중을 나와 주었다. 딸하고 같이 목장을 관리하는데 조합장이 같이 일을 거들면서 직장을 나가고 있다고 한다. 87년까지 홀스타인, 저지 두 종류를 같이 사육을 하였는데 분류 사육에 문제가 있어서 다루기 쉬운 저지를 사육하고 있단다. 우리니라 한우 색깔하고 비슷하나 체구는 훨씬 작다. 체구가 작아서 수놈을 낳으면 꺼

리는 경향이 있단다.

그간 일본의 목장 견학 일정을 전부 마치고 온천 호텔로 가고 있었다. 차내에서 그간 보고 들은 것을 회상하면서 차창 밖을 내다보니 곧게 자란 나무들이 하늘을 찌르듯이 촘촘히 서 있다.

마지막 일정을 나름대로의 추억거리로 만들고자 온천 관광을 택한 모양이다.

일행 모두는 약간 들뜬 기분으로 기대를 하고 있는 것 같다. "태평양과 맞닿은 휴양지 온천 호텔은 근사하겠지? 주위 경관 또한 일품일거야!"라며 내심 기대에 차 있었다. 첩첩 산중 깎아지른 듯한 절벽사이를 공들여 잘도 만들었다.

굽이쳐 흐르는 하천을 따라 가노라면 낚시꾼들이 양다리로 버텨서서 고기를 낚고 있다. 이런 산중에도 허가를 받아야만 즐길 수 있다고 한다. 그럭저럭 어스름한 저녁때에야 도착했다. 말이 호텔이지 우리나라 3류 급도 못된, 단출한 건물이다.

다다미를 깐 호텔(?)에서 하루 저녁 신세를 져야 할까 보다. 온천이 있는 곳이면 위락시설이 있는 줄 알았는데 김이 샌 것 같다. 번화한 일본의 한 면을 보고 싶었던 꿈이 조각난 것이다. 일본의 명물 남녀 혼탕도 기대(?)했고 그럴듯한 술집에서 무희들도 감상할 수 있으리라는 생각을 모두 버려야 될 것 같다.

목장탐방 - 장구산목장

- 월간 〈낙농·우유〉 1997년 11월호

고품질 원유생산으로 알차게 목장경영을 하고 있는
"김제욱, 박인순 부부"

산속 깊은 숲에서 흘러나오는 신선하고 상쾌한 공기를 호흡하고 계곡을 따라 흘러오면서 자연에 정화된 맑고 깨끗한 물을 매일 같이 마시며 젖소를 사육하는 일, 틈틈이 토종닭이나 오리, 꿀벌 등을 12년째 돌보고 있지만 꿈에라도 떠나고 싶지 않은 이곳 생활에 만족하며 살아가는 목장이 있어 소개하고자 한다.

물이 좋아서인지, 쌀이 좋아서인지 막걸리로 유명한 포천군, 그 중에서도 요즘 이동갈비로 널리 알려진 이동면 연곡리의 제일 높은 곳에 위치한 장구산목장은 마당 가운데로 샘물이 흐르고, 그 위로는 다래나무에 다래가 열리는 한 폭의 그림과 같은 곳이었다.

가난이 싫어 떠난 농촌을 못 잊고 다시 돌아와 낙농시작

가난한 농사꾼의 7남매 중 장남으로 태어나 누구에게나 어려웠

던 60년대의 가난을 벗어나기 위해 도시로 나가 수금사원도 해보고 영업부장도 해보았지만 그래도 농촌에서 정들어 살던 때가 떠오르고 외양간에 매어둔 황소 울음소리가 자꾸 들리는 것 같아 옛 향수를 못 잊던 차에 양주군 회천면으로 시집 간 누이동생과 매제가 젖소를 키우는 것을 본 후 결심을 굳히고 반대하는 아내를 설득해 시골로 귀향하게 되었다.

84년 봄 동생네 집에서 매제한테 목장일을 배우면서 풀 베다 주고 소똥 치워주는 조건으로 송아지 사료를 대주기로 약속하고 젖소 송아지 다섯 마리를 입식하였다.

6개월 동안 동생 내외가 소 관리하는 방법, 젖 짜는 요령, 주사 놓는 방법 등을 꼼꼼히 일러주어 많은 것을 배울 수가 있었다.

그 후 이곳 장구산목장으로 소를 옮기고 어느 정도 정리가 됐을 때 생각해보니 그래도 매제 덕분에 목장을 시작한 것 같다고 한다.

몸이 약해서 아무 일도 못할 것 같던 아내가

목장을 시작하면서 아내에게는 힘든 일은 절대 안 시시키고 소의 근처에도 못 가게 하겠다고 몇 번이고 결심을 하였다.

송아지들이 커서 임신을 하고 새끼를 낳아 동작이 느리다고 늘순이, 얌전하다고 얌순이, 젖 잘나온다고 짤순이 등의 이름을 붙이다보니 어느덧 두수가 늘어 혼자 힘으로는 감당하기가 어려워지자 아내는 소매를 걷어붙이고 거들기 시작했다.

그로부터 얼마 후, 25Kg짜리 사료포대를 들어 올릴 정도로 아내는 튼튼해졌다.

도시생활에만 익숙해져있던 아내는 처음 농촌으로 들어가고자 했을 때 많은 반대를 했었지만 이제는 농촌을 더 좋아하고 도시에서는 못 살 것 같다고 얘기한다.

유질성적이 낙농선진국과 대등한 장구산목장

맑은 물과 신선한 공기를 마셔서인지 소들도 건강한 것 같다고 하는 장구산목장이 현재 사육하고 있는 소들은 착유우 20두, 건유우 7두, 초임우 7두, 육성우 20두, 비육우 30두로 총 84두이다.

착유우 20두에서 평균 28kg의 원유를 생산하고 체세포수는 10만 미만, 세균수는 5천 미만, 유지방 3.8이상의 고품질우유를 생산하고 있다. 물론 유질성적이 약간 떨어져있을 때도 있지만 즉시 원인을 분석하여 최고의 원유를 생산하는데 노력하고 있다.

목장시설로는 파이프라인 착유실과 톱밥발효우사, 비가림시설을 한 운동장, 비육우사 등을 갖추고 있었다. 이렇듯 평범한 시설에서 좋은 유질성적을 낼 수 있는 몇 가지 방법에 대하여 알아보기로 하자.

세균수를 줄이는 방법

1. 착유하기 전에 끓는 물로 착유기는 물론 냉각기까지 깨끗이 세척해준다.
2. 유방과 유두를 충분히 물로 불린 후 깨끗한 물수건 2~3개로 닦고 마른수건으로 닦아준다.(특히 유두공을 깨끗이 닦아준다.)
3. 전착유를 실시하고 라이너가 바닥에 떨어지지 않도록 최대한 조심한다.(발길질을 하는 소에게는 간이보정틀을 걸어준다.)
4. 파이프라인의 경유 착유 후 밀크호스가 소에 닿지 않도록 주의한다.
5. 착유 후 침치를 해준다.
6. 유두주의의 털에서 세균이 들어가는 경우가 있으므로 털을 제거해주는 것이 좋다.

제거하는 방법으로는 깎아주는 방법도 있지만 깎아주기가 어렵고, 깨끗이 깎이지도 않아서 김제욱씨는 토치램프를 액하게 해서 순간적으로 털을 그을린 후에 면장갑으로 문질러준다. 처음에는 소들이 놀라지만 몇 번 해주면 익숙해지고 털도 깨끗이 제거된다고 한다.

체세포수를 낮추는 방법

1. CMT실시로 잠재성 유방염을 초기에 발견하고 이상이 있는 소는 원유의 샘플을 받아서 농촌지도소에 배양검사를 의뢰한 후 결과에 따른 처방대로 실천한다.
2. 치료가 잘 안될 경우에는 손으로 후착유를 끝까지 해주면 효과가 있다.
3. 예방법으로는 운동장을 최대한 활용하여 소가 항상 청결하게 해주고, 특히 착유하기 전에 착유기의 공기압이나 라이너를 점검하여 유방염 발생 원인을 사전에 차단해주는 것이 무엇보다도 중요하다고 한다.

또한 소들이 건강해야 유량도 많이 나고 유질도 좋으므로 이를 위해서는 조사료를 충분히 공급해야 한다. 이를 위해 매년 7천여 평에서 옥수수를 재배하여 엔실리지를 담고 있는 김제욱씨는 엔실리지 작업 시 공기가 들어가지 못하도록 소형 포클레인을 이용하여 충분히 다져준 후에는 쥐들이 뚫지 못하도록 피복망을 가장자리에 50Cm 덮고 50Cm깊이로 땅속에 설치해준다.

장구산목장의 특이한 점으로는 이 집 앞에서 약숫물이 나오는데 이 물은 샘물이 아니라 땅속에서 계곡물로 흐르면서 자연정화되어 수질검사에서도 아주 좋은 물로 인정받았으며 여름에는 차갑고 겨울에는 따뜻하며 심한 가뭄에도 마르지 않는다고 한다.

사람이 먹어도 좋은 이런 물을 소들이 매일 먹어 소들이 건강한 것은 물론 양질의 원유를 생산하는 것 같다고 말한다.

고품질을 유지하면서 1일 1톤의 원유생산 계획

앞으로 더욱 어려워지는 낙농산업에서 살아남기 위해 경쟁력 재고에 역점을 두고 원가절감과 능력검정을 통해 능력개량에 힘을 기울여 산유량을 늘이는데 최선을 다할 것이다.

우선 98년에는 평균 유량을 30Kg으로 끌어 올리고, 착유우를 30두 이상 유지하여 1일 1톤의 고품질 원유를 생산할 수 있는 알찬 목장경영을 목표로 하고 있다.

앞으로 고등학교 3학년에 다니고 있는 아들이 군대에 갔다 온 후에 목장을 해보겠다는 의지가 보이면 물려줄 생각이 있지만, 아들이 목장을 안 하겠다고 하더라도 내 관리능력에 맞도록 조절해 가면서 수족을 움직일 수 있는 날까지 가축기르기에 전념할 예정이란다.

끝으로 정부관할부처에 바라고 싶은 것은 작년의 일기불순으로 조사료확보에 어려움이 많았으니 이를 위해 수입건초의 쿼터물량을 충분히 배려해 주었으면 하는 마음이란다.

— 취재 : 곽동신

낙농육우산업의 신년 바람
- 월간 <낙농·우유> 1999년 1월호

　1985년 봄, 남들은 자녀교육을 위해 농촌에서 서울로 자리를 옮기는 사람들이 통례처럼 이어지던 때이었다. 40대 초반의 나이에 도시에서의 오랜 직장생활을 청산하고 농촌에 대한 연고와 경험이 전혀 없는 집사람과 어린 자식들을 이끌고 고향으로 돌아와 젖소5마리를 밑천삼아 낙농을 시작하기까지 얼마나 많은 세월동안 희망을 키워왔던가?

　그러나 돌이켜보면 제대로 잠 한숨 못자고 소들과 함께 살아온 지난 13여년은 무지갯빛 꿈과는 거리가 먼 고달픈 나날의 연속이었다.

　그동안 수많은 어려움과 시행착오를 거듭하면서 지금은 유우50여두, 비육우120여두를 부부의 노력만으로 새벽부터 밤중까지 혼신을 다하여 사육하고 있다. 그 덕분에 자식 셋을 모두 대학에 보내고 지금도 열심히 주어진 삶에 최선을 다하고 있다.

　어느덧 나이가 벌써 50대 중반을 넘다보니 때로는 체력에 한계를 느끼지만 이 길만이 내가 가야할 길이라는 신념으로 살아가고 있다.

느닷없이 닥쳐온 IMF라는 괴물은 우리 축산인들에게 더 많은 고통과 괴로움을 감내하게 해주고 있다. 이것을 극복하는 길은 오로지 원가절감을 통한 경쟁력 제고, 종축개량을 통한 적극적인 검정사업 참여, 그리고 생산자 단체를 중심으로 똘똘 뭉쳐서 최신 축산정보를 슬기롭게 활용하는 길만이 우리 축산인들이 살 길이라고 생각한다.

하늘은 스스로 돕는 자를 돕는다고 했다. 하지만 최선을 다해도 일어설 수 없는 축산농가들을 위해 관련 기관에서는 좀 더 많은 배려가 있어야 하겠다. 예를 들면 상환능력을 상실한 농가부채로 인해 무너져가는 이웃을 위하여 빚보증을 선 건실한 농민들의 연쇄도산을 최소화시켜야 할 것이다.

낙농육우산업이 발전하려면 정책적인 뒷받침도 있어야 하지만 낙농육우인 스스로 하고자 하는 의지, 헝그리 정신을 바탕으로 한 근면 성실한 자세, 그로 인한 축적된 노하우를 토대로 한 비전이 발전의 원동력이 되어야 할 것이다.

나는 지난 해 봄부터 인근 묵공장에서 나오는 비지·도토리 찌끼

미에 등겨 등을 섞고 발효시킨 자급사료로 약30%의 사료비를 절감하고 있다. 주위를 돌아보면 열심히 살아가는 축산인들이 많은데 그렇지 못한 사람들도 더러 있는 것 같다. 축산업이 어려울 때 좀 더 깊이 생각하고 노력하면 애쓴 만큼의 대가는 반드시 주어진다는 게 그동안 소를 돌보면서 살아온 경험에 의한 결론이다.

기묘년 새해를 맞이하여 우리나라 낙농육우산업에 바램과 소망이 있다면 모든 낙농육우인들이 더욱 건강을 유지하고 보다 질 좋은 우유를 생산하여 목표한 납유량을 달성함으로서 경제적 안정을 꾀하는 것이며, 모두가 열심히 노력하여 알찬 결실을 거두는 보람찬 한해가 되었으면 한다.

농가부채와 환경단속

- 월간 <젖소개량> 2001년 7월호

모 방송프로 그램 진행자가 말하기를 "간절히 기원하는 마음이 하늘에 닿아 전국적으로 단비가 내려 온 들녘을 적시시었으나, 이제는 방향은 다르지만 올 장마철에 적당히 비가 내려 큰 피해 없이 무사히 지나가기를 바라는데 정성을 다하자."는 말에 공감을 하면서 우리 낙농가는 비에 유실되어 축사에 피해가 없도록 대비를 해야겠다는 생각을 해보았습니다.

60-90년 만에 겪는 가뭄이라고들 하였고 북한은 100년 만에 겪는 가뭄이라고도 하였습니다.

옥수수 파종을 하였으나 발아가 안 되어 애를 태우고 발아된 옥수수도 성장을 멈추는 나날이 계속될 때 늦게나마 해갈을 하게 되어 다행으로 생각하나 전에 없는 이러한 기상이변이 변화무쌍해 감을 생각할 때 앞으로 이보다 더한 어려움이 닥쳐 올 수 있으리라는 것을 항상 염두에 두고 몸과 마음을 추슬러야 될 것 같습니다.

지역검정회인 포천검정회 회장을 역임한 지 반년이라는 시간이 지났지만 옥수수 파종이다 방역이다 하여 회원들의 바쁜 일정을

감안하여 만남을 미루어 오다가 지난 6월 11일 협회 회장님을 초청하여 유우개량부장님과 함께 모처럼 단출한 식사를 하면서 협회의 현안과 앞으로 나아갈 방향제시, 그리고, 지역검정회가 처한 현실, 10월 16일, 17일 양일간에 걸쳐 치루어질 한국홀스타인 품평회 행사에 따른 여러 가지 농가들이 헤야 할 일들을 관심 있게 그리고, 진지하게 토론한 바 있습니다.

  회장님께서 궁금한 사안들을 잘 실명해주셨으며, 여러 회원들의 염원인 사안들 중, 가깝게는 MUN 및 유성분분석기 도입문제와 전천후 품평회장 설립에 대해서도 긍정적인 말씀이 있었습니다. 이러한 형식의 간담회는 앞으로도 계속 이어져 나감으로 보다 지역검정회가 활성화되고 발전하는 계기가 되리라 생각합니다.

  어느 한 조직을 이끌어가면서 언제나 느끼는 바이지만 무엇을 바라고 원하기 이전에 내가 해야 할 의무와 책임을 갖추었는가를 염두에 두고 매사에 모든 일을 처리했으면 하는 바람을 항상 해보게 됩니다. 신문지상을 통해서 안 사실이지만 농가부채가 오히려

불어났다는 기사를 보고 정부에서 나름대로 부채경감에 대해 배려를 한다 해도 근본적인 대책이 강구되지 않는 한 부채가 줄어들기는 힘들 것으로 봅니다. 농가당 2천 만원이라는 부채가 영세농에게는 큰돈일 수 있으나 소를 키운다고 하는 젖소 농가들이 안고 있는 부채는 앞서 밝힌 숫자에 동그라미 하나를 더 얹어 놓은 만큼의 빚을 짊어지고 있는 사람들이 대다수인 것으로 압니다. 사료 값 인상은 차치하고라도 앞으로 부담해야 할 부분은 엄청난 짐이 될 것이 분명합니다.

이러한 때에 농림부에서는 추가적으로 환경정화 차원에서 착안한 오·폐수 배출에 대한 정부의 강력한 단속 또는 그에 따른 벌과금 징수를 강행할 의지를 표명한 것으로 알고 있습니다.

위에서도 기술한 바와 같이 농가들이 해야 할 의무와 책임이 못 미쳤을 때 예를 들어 그렇지 않아도 빚에 쪼들리고 어떻게 해야 할지를 몰라할 수 있는 상당한 이유가 있을 수 있습니다.

그러한 농가들에게는 우선 시설을 보완할 수 있는 여건을 마련하는 것이 급선무입니다. 소도 언덕이 있어야 비빈다고 했습니다. 국가 재정상 보조는 어렵다하면 장기 저리융자라도 선처하여 순리적으로 점차 개선해 나갈 수 있는 길을 열어 주어야지 적발하여 벌금을 물리고 구속하는 등의 일만이 능사는 아닐 것입니다.

지금 저희 주변에서 일어나는 일들을 종합해 보면 농가들이 불안에 떨며 숨통을 조여 오는 듯한 잠 못 이루는 사안들이 펼쳐지고 있습니다. 신문지상이나 인터넷, 유업체를 통한 통보형식의 고

압적인 단속문구를 접한 젖소 농가들이 운동장을 무엇으로 씌우나 전전긍긍하는 차제에 환경 단속 요원들이 동서남북 누비며 상부로부터 강력한 단속지시가 내려왔다며 사진을 찍겠다. 고발 하겠다 등 엄포를 놓고 다니고 있습니다. 들리는 바에 의하면 저희 부락이 표적으로 정해서 수일 내 덮칠 것이라는 소문이 나돌고 있습니다. 도대체 무슨 큰 죄를 짓고 살기에 이토록 불안한 세상에 살아야 하는지 알 수가 없습니다.

사면이 막힌 상태에서 고양이에게 쫓기는 쥐는 고양이를 문다고 했습니다. 지금까지 축산을 해오면서 그래도 정부에게 하는 일 중에 잘하는 것에는 박수를 보냈고 못 미치는 부분이 있더라도 이해하려고 노력하는 농민들인데 이번 일은 농림부 장관의 지시인지 환경부장관의 지시인지 알 수 없지만 농림부에서 재고하여 농가의 어려운 현실을 감안하여 순리적으로 해결해 나갔으면 하는 바람입니다. 그래야만 정부도 국민에게 책임과 의무를 다하려고 노력한다는 모습을 보여줄 것이고 농민들도 따라서 책임과 의무를 다할 기회를 갖게 되는 것이라고 생각합니다.

2001년 7월

포천지역 검정회장 장구산목장 김 제 욱

낙농 현안에 관하여 - 한국낙농발전대토론회 주제발표 자료

- 일시 : 2002년 12월 3일~4일, 주관 : 한국낭농경영협회

 낙농을 천직으로 알고 그야말로 열심히 살아가는 약 1톤 여 좀 넘게 납유하는 한 농가가 있습니다. 정부 방침에 순응하여 항상 앞장서 솔선수범하는 사람입니다.

 지난날 농가별 젖소 도태 배정에 참여하여 관내에서도 제일 먼저 3마리를 도태하였고 또 얼마 안되어 잉여원유가격차등제 실시에 따른 일환으로 2001년 7월부터 2002년 6월분까지 일평균 납유 량을 배분 받은 덕분으로 생산가에도 못 미치는 원유대를 모면하고자 23g~30kg 산유량의 젖소 4마리를 또 울며 겨자 먹기로 발빠르게 도태하였습니다. 그런데 불과 잉여원유가격차등제가 실시된 지 보름 만에 계획 생산, 즉 쿼터제 조기 실시론이 대두되고 있습니다.
 계획생산 얘기가 어제오늘 나온 이야기는 아니었지만 농림부 장관께서 언급하신만큼 파급 효과가 일파만파로 번져 가고 있습니다. 위에서 말한 어느 농가의 경우를 들었지만 한 두 농가가 아닙니다. 많은 농가들이 하라는 대로 하였습니다. 말 잘 듣는 것이

무슨 큰 죄인 양 항상 손해를 봐야 하는 현실이 정말로 안타깝습니다.

　일본이 계획생산제를 성공적으로 할 수 있었던 것도 정부의 강압이 아닌 낙농가 조직을 통해 낙농인 스스로 해결 방안을 찾았기 때문이란 것을 염두에 두어야 할 것입니다. 기왕 실시하려면 누구나 납득할 수 있는 바탕 아래 유연성 있게 점차적으로 1년 내지 2년여의 장고를 거쳐 단기적인 수급불균형과 관계없이 최종적으로 많은 낙농가가 참여한 공청회에서 여론 수렴을 하여 추진해 나가야 할 것입니다.

　현재 서울우유 등 폐업한 농가를 대상으로 100kg 납유량 기준으로 850만원대에 매매가 이루어지고 있으며 진흥회에서도 같은 방법으로 매매 알선을 공시하고 있는바 일 년치 납유량을 토대로 조기에 생산 쿼터제를 기정사실화 하려는 의도가 아닌지 의심할 여지가 있는 것입니다.

　현재 대다수 농가들의 거센 반발과 우려에도 불구하고 잉여원유 가격차등제 실시에 따라 농가별로 적정 납유량 수치를 통보 받았는데 생산가에도 못 미치는 납유량을 감수하고서라도 산유량을 줄이지 않고 견뎌 보겠다는 농가들이 많은 것으로 압니다. 이는 김동태 농림부장관께서 말씀하셨듯이 전격적인 쿼터제를 깊이 검토해 보겠다는 의지와 진흥회 존재를 기본부터 재점검하겠다는 발언과 무관하지 않은 농가들의 반응이라고 생각합니다.

잉여원유가격차등제가 실시된 지 20일도 안되어 장관이 쿼터제를 검토해 보겠다니 해도

너무하는게 아니냐는 게 농가들의 입장입니다.

이 점에 대해서 농림부 과장님께서는 어떠한 생각과 복안을 가지고 있는지 말씀해주시고, 진흥회 상무님께 한 가지만 더 묻겠습니다.

잉여원유가격차등제 실시를 전격적으로 발표하는 과정에서 2001년도 7월 1일부터 2002년 6월 30일까지 평균 납유량 일일 기준을 통계로 배정하였는데 약속을 어기고 타 유업체에 납유한 부분은 삭제하고 편리 한대로 번복하여 진흥회에 납유한 시점부터 계산하여 납유량을 책정하였는지 이해가 가도록 설명이 있었으면 합니다.

방금 말씀드렸듯이 우리 낙농이 갈피를 못 잡고 파란만장하고 있는 것이 결국 생산과 소비의 불균형에서 이루어진 것인데 그로 인해 학교 급식우유 용량을 늘이자, 군용 우유를 늘이자, 수입 분유의 정치적 재 고려 문제, 바이 아웃제 등 이슈가 되고 있습니다만 결국 소비 쪽에 많은 관심을 갖고 모두가 전력투구해야 될 것입니다.

문제가 되고 있는 과잉생산에 관한 낙농인들의 의식을 조사한 바에 의하면 '낙농의 장래에 대한 불안을 없게 해주는 장기적 대책과 단기적으로 취하는 정책이 합리적이고 공평하다면 협력할 용의가 있다'는 생각들을 가지고 있다고 하는 사실입니다.

낙농이 나아갈 길을 찾지 못하고 우왕좌왕하는 것은 견해의 차이에서 오는 것으로 낙농인은 우유 산업의 영원한 생존과 지속적인 발전 그리고 안정적인 수급정책의 확립 하에 단기적 희생과 협조를 받아들인다는 생각인데 반해 정책기관과 시행기관에서는 당장의 수급 문제만 결하려는데 문제가 있다고 생각합니다. 그리고 우리가 내는 자조금을 좀 더 효율적으로 사용되어야할 것입니다. 우유의 본질과 가치를 알 수 있도록 교육하는데 많은 보탬이 되도록 해야 할 것이며, 식생활에 미치는 우유 활용방법 개발 등에 주력함이 바람직하다고 생각합니다. 특히 농가가 낸 자조금의 50%의 보조를 하다가 금년부터 100%로 증액하여 지급한다고 하는데 우리나라처럼 모든 낙농 경영 여건이 불리한 환경 하에서는 유가공 업체에서도 100%, 정부에서는 20% 정도 거출하여 우유 홍보에 전력 하여야 할 것입니다.

다음은 농협중앙회에서 참석하신 한우낙농부장님께 말씀드리겠습니다.

소비촉진 방안 측면에서 한 가지 사례를 말씀드리겠습니다. 저희 포천지역에 일동농협이 자리하고 있습니다만 과장급 직원 한 사람이 낙농의 어려움을 간파하고 전 직원에게 우유 마시기 캠페

인을 벌려 조합장 이하 모든 직원이 250ml 우유를 마시다 12월부터 500ml로 올려 마시기로 결정한 바 있습니다. 현재 전국에 산재해 있는 축산 관련 조합 및 기관들이 상당수 있는 것으로 압니다.

농협중앙회 내에 축협, 인삼조합에 적을 두고 근무하는 직원이 전국에 약 7만 여명이 되는 것으로 알고 있습니다. 축산 관련 직원들은 낙농업의 어려움을 너무나도 잘 알고 있을 것입니다. 농가가 살아야 조합도 존재하는 것입니다. 500ml 팩 우유 한 봉에 550원, 25일 잡고 13,750원입니다. 자리하신 김 부장님께서는 난국 타개에 일익을 담당할 수 있게 전 직원이 의무적으로 우유를 매일 마실 수 있도록 중앙회장님께 강력히 건의하여 주시기 부탁을 드립니다.

우리 낙농가들은 이러한 어려울 때일수록 슬기를 모아 끝까지 살아남기 위한 생존전략을 수립해 나가야 할 것입니다. 끝으로 항간에 들리는 말에 의하면 젖소검정사업으로 인해 우유가 남아돈다 하여 부정적인 측면으로 보는 시각이 일부에서 있는데 이는 아주 잘못된 생각입니다. 평소 기대에 못 미쳤던 소들을 과감히 도태하고 건강하고 생산성 있는 소들로 소수 정예화하여 목장 운영에 이바지하는 것이 바람직하다고 생각합니다.

부족한 내용을 끝까지 경청하여 주셔서 대단히 감사합니다.

50여종 꽃향기, 분뇨냄새 대신 '솔솔'

– <축산신문> 2005년 6월 12일자 10면

"생각보다는 실천이 중요하지요."

경기도 포천시 이동면 연곡4리 142번지 장구산목장<공동대표 김제욱(62세)·박인순(58세)>, 이들 부부는 "어떤 꽃과 어떤 나무를 어떻게 심어야 하겠다는 생각을 많이 하는 것도 중요하겠지만 우선 목장에 알맞게 실천하는 것이 그 무엇보다 중요하다."고 강조한다.

목장은 해발 1168.1m 국망봉 3부 능선에 자리하고 있다. 목장 위로는 민가 한 채 없을 정도로 산허리에 위치해 있다.

목장 입구에 들어서면 왼쪽으로는 이가 생길 정도로 부부금슬이 좋아진다는 자귀나무가, 오른쪽에는 능소화가 만개하여 방문하는 이를 반겨준다.

왼쪽 우사와 오른쪽 우사 사이에는 2년 전 그림 같은 주택(건축면적 53평, 2층)을 지었다. 집에서는 육안으로 소 발정 유무는 물론 일반적인 건강상태까지 쉽게 관찰할 수가 있다. 목장이 가까워서 축산 분뇨 냄새가 날 것으로 생각하기 쉽지만 집 주변과 우사 주위에는 '수선화, 장미, 봉선화, 창포, 목백일홍, 맨드라미' 등 손

쉽게 접할 수 있는 꽃에서부터 '범의꼬리, 비비추, 은방울꽃, 회양목, 황매화, 명자꽃, 금불초, 가문비나무, 맥문동, 캐나다단풍, 접시꽃, 병풍' 등 쉽게 접할 수 없는 꽃과 나무 55종이 적당한 간격을 두고 심어져 있어 향기가 악취를 대신하고 있다.

70평정도 되는 전원에 잔디를 깔고 오른쪽에는 10평 남짓한 연못이 있다. 연못의 수련과 연꽃은 꽃망울을 터뜨리기 열흘 전으로 수줍음을 한껏 머금고 있다.

부모로부터 이렇다 할 재산을 물려받지 못한 이들 부부는 1984년 젖소 2두를 입식하면서 올해로 21년째 낙농을 경영하는 잉꼬부부로 널리 알려져 있다.

김제욱씨는 지난 15년전부터 지역 검정회와 낙우회는 물론 중앙단위 낙농관련단체에서 임원직을 맡음에 따라 어느 달에는 하루도 빠지지 않고 출타를 했다 한다.

물론 목장 일은 밤 10시 전후가 되어야 끝이 났으며 이튿날 새벽 5시에 일어나 소 사료를 급여하고 착유를 했다. 남의 손을 거의 빌리지 않고 직접 하는 낙농을 천직으로 여기면서 오늘에 이른다. 두당 평균 산유량은 35Kg. 체세포수·세균수 모두 1등급 양질의 원유 1150Kg을 낙농진흥회로 납유를 한다.

"소비자들은 보다 안전하고 깨끗한 유유를 마시고 유제품을 먹기를 원하고 있는 만큼 우리 낙농가들은 안전하고 위생적인 원유 생산에 매진해야 옳다."고 재삼 강조하는 김제욱·박인순 부부는 2녀 1남이 있다.

- 조용환 기자

보기 좋은 목장, 유량 많고 유질 좋다
- 월간 <축산> 2006년 11월호

목장을 가꾸는 일의 의미는 다양하다. 우선 축산을 물이나 흐리고 냄새나 피우는 존재로 인식하는 사람들에게 새로운 이미지를 줄 수 있다. 그리고 자신의 일에 자긍심을 높이는 한편 깨끗한 우유 생산을 위한 마음가짐도 따라온다. 일찍부터 목장 주변을 가꿔온 장구산목장에서 아름다움과 생산성, 안전한 축산물과의 상관관계를 찾아보았다.

— 조국한 기자

경기도 포천시 이동면, 개 이빨 모양의 봉우리를 가졌다 해서 이름 붙여진 견치봉을 따라 내려오면서 완만한 경사면이 펼쳐진다. 사료포와 초지로 이용하는 목장이 장구산목장이다. 늦가을을

알리는 구절초 꽃이 목장의 경계를 두른 가운데 운치 있게 지어진 전원주택이 아직 푸른 기운을 남긴 고운 잔디밭 위에 들어앉았다. 목장주 김제욱 씨(63)네 집이다. 우사는 집을 산 쪽으로 떠받치듯 ㄷ자 모양으로 배치돼 각 변마다 착유우사와 육성우사 그리고 비육우 사를 이룬다.

장구산 목장의 가장 큰 자랑거리는 빈터를 남기지 않고 심어놓은 각종 꽃나무들이다. 진입로 주변은 물론 오밀조밀 꾸며놓은 경계석 사이사이, 잔디마당 언저리마다 김씨가 구해 심어놓은 귀하고도 흔한 화초며 덩굴들로 촘촘하다.

꽃밭으로 둘러싸인 목장

"지금은 제철이 아니라 덜하지만 매년 봄 라일락꽃과 어우러지면 정말 보기 좋아요. 놀러 온 사람들이 집에 갈 생각을 안한다니까요."

20여 년 전까지 도시 생활을 하면서 손에 흙 묻힌 일 없었다. 부부의 부인 박인순 씨(58)의 웃음 섞인 이야기다. 대부분의 부인네들이 그렇듯 박씨도 남편의 '내가 다 할 테니 걱정 마라'는 감언이설에 넘어간 케이스란다. 1984년 당시 살던 주택을 팔아 마련한 착유소 다섯 마리, 육성우 두 마리의 초라한 시작. 마지못한 동행이었지만 정말로 혼자서 끙끙대는 남편을 팔짱끼고 바라만 볼 수는 없어 조금씩 도와주기 시작했고 이제는 이력이 붙어 때로 남편을 가르칠 정도의 베테랑이 됐다.

"뭐든 가꾸기 좋아하는 남편의 성질은 유별났죠. 틈만 나면 정원 꾸미고……. 연못 판다고 소란 피우고 덕분에 이제 가끔은 내가 봐도 우리 목장이 자랑스럽게 느껴지거든요."

생균제 배양해 냄새와 파리 잡는다

김씨는 처음부터 머릿속에 '저 푸른 초원 위에 그림 같은 집을 짓고……' 운운하는 유행가 가사를 의식했던 듯 싶다. 비록 현실이 만만치 않다 해도 촌에 산다고 해서 꼭 꾀죄죄해야 할 이유가 없다는 생각을 실천해 보여주고 싶어 했던 것. 이는 '삶의 질'과도 통한다고 믿는다. 아침 착유를 마치고 잔디마당 테이블에서 한 잔의 차를 마실 수 있는 생활은 소위 말하는 '웰빙'에 다름없기 때문이다. 다만 좀 부지런해야 한다는 옵션이 따른다. 우선 한시도 먹고 싸는 일을 멈추지 않는 35마리의 착유우를 포함한 100여 마리의 소들을 깔끔하게 돌봐야 한다. 주변을 가꿀 만한 사람이라면 목장과 소들에 소홀할 리 없고 파리와 냄새가 날리도록 놔둘 리도 없다.

"인근에서 처음으로 생균제 배양기를 설치해 이용하기 시작했습니다. 모두 구입해 쓰자면 엄두가 안 나겠지만 수백 배로 증식해 마음껏 쓰니까 여러모로 좋더군요. 우사바닥 발효도 잘돼 똥 치우는 노력도 덜 들고 냄새며 파리가 없어요. 소들도 반질반질해지고요."

최고의 유량과 유질은 '덤'

물론 유량, 유질 또한 늘 최고 수준을 유지한다. 최근 유대계산서에 나타난 성적은 체세포수 10만 남짓, 세균 수는 5,000으로 흠잡을데 없다. 일찍부터 검정사업에 참여해 개체관리를 하면서 유질, 위생에 대한 관심을 기울여온 결과다. 이에 따라 국내 처음으로 고급우유를 표방하고 나선 ㄱ유업에 납유를 하기도 했고 각종 품평회에 소들을 출품해 장구산목장의 이름을 날리기도 했다.

요즘에는 한술 더 떠서 목장에서 나오는 우분을 먹이로 해 기

르는 지렁이 양식장까지 마련했다. 부부 외에도 아들이 목장 운영에 가세해 다소 여유가 생겼지만 손이 많이 가지 않도록 자동화 설비를 갖췄다. 조건만 맞춰주면 제 알아서 증식하는 지렁이는 그 자체로도 가외의 수입을 올려주는가 하면 각종 묘목을 기르는 데 최고의 비료를 공급하기도 한다.

 이 비료에 유달리 눈독을 들이는 사람은 바로 인근에서 아름다운 농장 만들기 모임을 주도하고 있는 이광용 회장 둘의 만남은 어쩌면 필연적으로 보인다. 사실 김 씨는 이 모임의 회원으로서 이 회장을 가장 가까이에서 지원해주는 관계다. 이들은 지렁이가

분해한 비료를 회원들에게 나눠줄 꽃모종을 키우는 용도로도 쓸 생각이란다.

생산성만큼 중요한 것이 낙농 이미지

"농장을 아름답게 가꾸자는 이야기 속에는 '깨끗함' 위생적인 축산물 생산 의 의미가 모두 포함돼 있습니다. 보기 좋게 꾸미는 가운데서 냄새를 피운다든지 위생이 엉망인 축산물이 나오지 않을 것이기 때문이죠."

아마도 모임의 이름을 두고 설왕설래가 있었던 듯 둘의 이야기가 중복된다. 그러나 용어가 어떻든 이런 마음가짐을 농가에 심고 확산시킨다는 목적이 같다면 크게 문제될 일은 아닌 듯싶다.

"뒷산이 패러글라이딩을 하기에 보기 드문 적지라 개발의 여지가 많답니다. 지금은 가끔 지나는 군인들 말고는 관객이 없어 좀 서운했는데 그때면 힘들여 가꾼 보람도 더 커지겠지요."

물론 더 가꿔나간다는 전제 아래서다. 김 씨는 부지의 경사면을 자르며 만든 착유우사의 콘크리트 벽으로 안내해 벽을 타고 올라가는 담쟁이넝쿨을 가리켰다. 모임에서 만난 분의 조언을 듣고 심은 것이란다.

"그냥 시멘트 구조물을 내보이기보다 얼마나 좋습니까. 잘 키워 낸 다음 다른 농장에도 나눠줄 계획인데 운치 있게 꾸미는데 큰 도움이 될 겁니다."

전국의 목장이 모두 아름다워질 때까지

- 월간 <낙농> 2007년 8월호

경기 포천 장구산목장의 김제욱 박인순 부부

"목장을 예쁘게 가꿔야겠다는 생각은 이미 십 수 년 전부터 하고 있었고, 또 개인적으로 추진해왔습니다. 목장을 아름답게 한다는 것은 소비자들에 대한 기본적인 자세임과 동시에 개인적인 보람도 느낄 수 있는 부분이니까요."

전임 이광용 회장(현 아름다운 농장 만들기 경기도실천협의회장)의 뒤를 이어 포천 지역 아름다운 농장만들기 모임의 대표를 맡고 있는 김제욱(64세) 회장은 "일체의 외부 지원 없이 회원들의 노력과 열정으로 목장을 꾸며나가고 있기 때문에 더욱 큰 보람을 느낀다."고 말한다.

실제로 이 모임의 재원은 오로지 회원들의 회비를 통해서만 이루어진다. 일부에서는 시에서 얼마간의 지원을 받는 것 아니냐는 얘기도 하지만, 사실 지원을 해주는 곳은 그 어디에도 없다. 이런 부분이 오히려 리더로써 자부심을 갖게 하는 부분이기도 하다.

모임의 구성원은 포천시에서 목장을 경영하는 낙농가들로 구성되어 있다. 주된 업무로는 아름다운 목장을 가꾸기 위한 다양한 구매활동 및 정보교류다. 실제 모임을 통해 조경용 화훼 등을 구매할 경우 다량으로 구매를 하기 때문에 시중가보다 싸게 살 수도 있고, 산림조합, 농업기술센터 등에서 꽃과 나무들을 무상, 혹은 저렴한 가격으로 지원받을 수도 있다. 이른바 나름대로 주어진 환경 속에서 최대한의 방법을 동원하여 목장을 꾸며가고 있는 것이다.

"나무 한 그루 구하는 데에는 제법 많은 돈이 들어가는데, 얼마 전 나무를 무상으로 기증한다고 나선 분이 계셨어요. 너무도 좋은 기회라는 생각에 그 나무들을 갖고 오겠다고 했는데, 문제는 이동비용이 만만찮다는 것이더군요. 결국 나무는 공짜였는데 나무를 가져오는 데에는 200만원 정도의 돈이 들어가더군요. 허허."

예상치 못한 지출이긴 했지만, 그래도 좋은 나무를 많은 회원들한테 나눠줄 수 있었다는데 대해서 보람을 느낀다는 김제욱 회장의 말이다.

"심어놓은 나무에서 잎이 나고 가지가 뻗어가는 모습을 상상해보세요. 정말 기분이 좋아지지 않습니까?"

원칙 철저히 지키는 농가에 한해 가입 가능

이 모임의 구성원은 현재 포천지역 낙농가 20여명 정도로 구성되어 있다. 아는 사람들을 통해서만 모임을 이뤘지만, 요즘에는 모임의 왕성한 활동과 함께 눈에 띄게 좋아지는 목장의 모습으로 인해 가입을 원하는 사람들이 부쩍 늘었다.

"가입을 원하는 사람들은 많이 늘었지만, 원한다고 해서 모두 받아들일 수는 없습니다. 모임의 순수성 및 활동방향과 맞는 목장

주들만을 대상으로 선별하고 있습니다."

아름다운 농장 만들기 모임에 가입하기 위해선 가입 전 집행부 원들이 직접 목장을 방문하여 목장주의 의지와 목장의 여건을 확인한 후에야 가능하다. 이렇듯 철저한 가입규정을 둔 데에는 나름대로 이유가 있다.

"사실 다른 모임에서도 비슷하게 겪을 수 있는 고민 중 하나겠지만, 가입만 해놓고 모임에 안 나온다거나 회비를 내지 않고 지원만 받으려는 회원들이 있습니다. 이런 회원들이 많아지면 모임을 운영하기도 어렵고, 발전시키는 것은 더욱 어려워지기 때문에 처음부터 확실한 사람들만을 대상으로 가입토록 하고 있습니다."

목장 전체가 하나의 식물도감

장구산목장은 목장을 들어서는 입구부터 울긋불긋 꽃과 나무들의 초록색 장관을 연출한다. 먼저 목장 위쪽에 둘러쳐진 포천시의 상징 구절초를 비롯, 앵두·사과·배나무와 유실수에 헛개나무·오가피 등 마치 한편의 식물도감을 순차적으로 보는 것 같다.

온갖 식물들이 이렇듯 다양하게 배치될 수 있었던 데에는 김제욱 회장의 뛰어난 미적 감각이 있었기 때문이다. 김제욱 회장은 단순히 꽃을 심는 것만이 아니라 어떤 색깔의 꽃이 어떤 색깔의 꽃과 어울리는지를 파악한 후 배치한다는 것이다. 자칫 천편일률적으로 흐를 수 있는 목장의 분위기를 울긋불긋한 꽃과 나비의 정

원으로 만들어 놓은 것이다.

비근한 예로 대개의 목장을 가보면 목장 전체가 콘크리트 옹벽으로 둘러싸인 경우가 많은데 비해 장구산목장에서는 이러한 잿빛 콘크리트의 삭막함을 찾아보기 힘들다. 인공적 삭막함을 조금이라도 감추기 위해 담쟁이덩굴을 쳐서 분위기를 바꿔놓았기 때문이다.

여기에 코스모스·천일홍·골드메리·백일홍 등 120여 종의 다양한 화초는 그러한 자신들만의 아름다움을 계절별로 다양하게 표현해내고 있다. 또한 최근의 웰빙 붐에 편승하여 심게 되었다는 참죽·천궁·당귀 등은 목장의 미관을 꾸미는 동시에 실용적인 측면에서도 뛰어난 효과를 발휘한다.

김제욱 회장은 이러한 약초들의 생산농장을 알아놓고 조만간 회원들에게 공급할 계획이다.

목장의 외관 못지않은 뛰어난 개량 성적

김제욱 회장이 지금과 같이 아름다운 목장을 가꿀 수 있었던 데에는 늘 탄탄대로만 놓여 있었던 것은 아니다. 가장 큰 시련기는 지난 2002년의 잉여원유차등가격제 도입 시기.

"당시에 받은 기준량이 700kg 정도 밖에 안 되더군요. 실제 납유량에 비해 반 밖에 안 되는 양이었습니다. 그도 그럴 것이 기준량 적용 기간에는 저희 목장이 최악의 시기였거든요."

갑작스레 줄어든 수입으로 인해 심각한 금전적인 어려움에 직면하게 된 것이다. "목장을 그만둘 생각까지도 했었습니다. 그런데 한편 생각해보니 그게 아니더군요. 목장을 시작할 때 죽기 전까지 목장을 해보겠다는 생각으로 시작했었는데 말이죠. 그래서 목장을 시작할 때의 초심으로 돌아가 다시 한 번 시작해보자는 생각으로 이리저리 뛰어다녔죠."

이후 장구산목장은 세 번에 걸친 기준량 매입을 통해 1톤 정도의 규모에 맞춰서 납유를 하고 있다. 시설 규모로만 보아서는 50두 착유도 충분히 가능하지만, 아직까지는 구체적으로 진행하고 있지 못하다.

"중요한 것은 사육두 수보다 고능력우를 키워내는 개량 사업에 신경을 써야 합니다. 저 또한 검정회장을 역임해보았는데요. 검정을 통한 적극적인 개량이야말로 우리 낙농을 발전시킬 수 있는 최선의 방법입니다."

김제욱 회장의 말대로 장구산목장은 목장의 외관 못지 않게 뛰어난 개량 성적으로 인해 대외적으로 높은 신망을 얻고 있다.

실제로 지난 4월, 김제욱 회장은 우유도 많이 남고 해서 초임만삭 12마리를 팔려고 내놓았단다. 그러자 며칠 만에 지방에 있는 생면부지의 농가로부터 340만원씩 주고 모두 사겠다는 얘기를 듣게 되었다고 한다. 소가 어떤지 확인해보지도 않고 말이다. 이유인즉슨 장구산목장에 대한 믿음이 있었기 때문이란다.

"몇 푼의 이익을 위한 것보다는 장기적이고 확실한 개량을 통해

목장의 수익을 높이는 게 목장을 보아서도 그렇고, 한국 낙농의 미래를 생각해서도 더욱 바람직한 일이라 생각합니다."

김제욱 회장은 끝으로 낙농가에게 있어 가장 중요한 것은 "자신이 하는 일에 보람을 갖고 최선을 다하는 것"이라고 말한다. "현재 저를 중심으로 추진하고 있는 아름다운 목장 가꾸기 사업이 활성화되어 포천뿐만 아니라 전국적으로 확대된다면 이보다 보람 있는 일이 어디 있겠습니까? 목자에 관심 있는 사람이라면 그 누구라도 목장을 찾아와 편히 쉴 수 있도록 만든다는 것, 결코 꿈이 아닐 것입니다."

'착유실 폐수를 1급수로'
친환경농장 실현 앞장

- <축산신문> 2008년 8월 25일자, 5면

축산폐수를 지형적인 장점 등을 최대한 이용, 1급수로 만들어 내보내는 친환경목장이 있다.

경기도 포천시 이동면 연곡리 142번지 장구산목장(대표 김제욱)이 그곳이다. 1984년 낙농을 시작하고, 젖소개량사업에 적극 참여하는 김제욱 대표는 "착유실은 조석으로 원유를 생산하는 곳으로 위생적이고 청결함은 기본"이라고 말하고 "따라서 착유 전과

CSN 축산신문

후에 물청소를 하는데 그로 인해 배출되는 상당량의 폐수는 환경오염원이 되고 있다"고 지적했다.

장구산목장은 착유실을 청소하고 난 폐수는 해발 1168m 국망봉에서 발원하여 내려오는 일명 속개울 물과 1차 합류토록 한 후에 연못으로 들어가도록 설계를 했다.

특히 장구산목장은 국망봉 3부 능선에 위치해 있는데 그 경사도는 10도 정도로 합류된 물은 자연스럽게 연못으로 흘러든다. 연못은 20평 남짓으로 적은 것 같지만 폐수 정화도가 높은 부레옥잠과 연꽃·수련·창포·어리연 등을 심어서 친환경농장 구현에 앞장서고 있다.

포천낙우회장 및 검정회장 등을 역임하고 최근에는 (사) 친환경축산추진운동본부 포천시지부장을 지내는 김제욱 대표는 "어느 목장을 막론하고 착유실을 청소하고 나오는 폐수를 처리하는 것이 관건"이라면서 "우리 목장의 경우 여름에는 차갑고 겨울에는 따뜻한 일명 속개울 물을 이용하고 있지만 일반농가들도 지하수 수도꼭지를 틀어놓고 정화도가 높은 연못을 갖춘다면 축산폐수는 친환경적으로 처리할 수 있을 것이라고 강조했다.

— 조용환 기자

젖소비육사양 성공사례담
- 2009년 4월 8일 포천농업기술센터 강의내용

　방금 진행자로부터 소개받은 이동면 연곡리에서 젖소사육과 육우를 겸하여 목장운영을 해나가고 있는 김제욱입니다. 홀스타인 거세우 고급육 실증자료는 천하제일사료에서 밝힌 바와 같이 대단한 일이라고 생각하고, 저는 지금까지 괄목할만한 성적을 얻기까지의 과정과 살아온 이야기들을 해볼까 합니다.
　7남매중 장남으로 자라오면서 어려서부터 가난이 무엇인지를 뼈저리게 느끼며 살았던 사람입니다. 수목직후부터 60년대 누구나 겪었던 시련이었을 것입니다. 어떻게 하면 나라님도 구하지 못한다는 궁핍에서 벗어날 수 있을까? 4H활동을 통하여 새로운 영농기법을 토대로 한 톨의 곡식을 더 증산하여 배고픔을 잊어보려 애썼으나 쉽지 않았습니다. 군 입대 후 휴가차 다녀가도 마찬가지로 농촌의 실정은 달라진게 없었습니다. 군복무를 마치고 부모를 설득하여 도시로 이주하여 그런저런 생활을 15년하다, 어느 날 귀향을 결심하게 되었습니다. 직장생활을 아무리 열심히 해야 제한된 봉급 가지고는 자식들은 커가고 희망이 없어보였습니다 남들은 자녀들 교육문제로 도시로 나아갈 때 우리는 역으로 귀농을 하게 된 것입니다.

 농촌에 대한 관심과 상식이 전혀 없는 집사람을 억지로 설득하여 1985년 송아지 5마리로 시작하여 지금은 100여 두에 가까운 규모로 성장하여 오늘에 이르게 되었습니다.

 그런데 장구산 목장하면 젖소 쪽으로 알려진 이름인데 웬 비육에 대한 강의를 하려느냐고 주제넘게 생각하실 분들도 있을 것입니다.

 비육이 전문이신 선배님들게 민망스런 마음 없지 않아 있습니다. 그러나 저도 짧지 않은 기간 동안 비육을 병행해왔고 한때는 100여두의 비육소를 사육한바 있었으며 현재는 약 30여두의 거세우를 사육하고 있습니다. IMF 이후 원가 절감차원에서 도봉구청으로부터 잔밥 공급을 받아 사육도중 전국을 떠들썩 하게했던 몇 농가 중에 한사람으로써 다 자란 소 20여 두를 잃는 아픔을 겪기도 하였습니다. 그때 당시를 돌이켜보면 큰 시련이었고 값비싼 경험을 한 셈이 되었습니다. 원가절감만 생각했지 영양면에서 시행착오를 초래케 돼 비육의 생명인 증체효과를 얻지 못하여 고생만 한 사실을 알게 되었습니다.

 그때 당시 천하제일사료 김인필 사장께서 한 말씀이 있습니다.

 애를 쓰고 정성을 기울여도 노력한 만큼의 경제성이 없을 것이다라고 했을 때 속으로 생각했습니다. 그럴리가.. 사료값이 절감되는데 어찌 경제성이 문제가 있다는 것인가? 그래 어디 두고 보자

사료는 그냥 얻다시피하고 운임비하고 인건비만 계산에 넣으면 땅 짚고 헤엄치기일텐데 그런데 그게 아니었습니다.

사실 제가 다음얘기를 하려다가 고민한 부분이 있습니다. 제가 이 자리에 서기까지 망설인 것은 사료얘기가 나올 것 같아서였습니다. 아무개가 사료회사 선전용으로 나온게 아니냐 라고 생각 할 수 있기 때문이었습니다. 주위로부터 비춰지는 제 모양새가 바람직하지 않은 측면도 있을 것이라는 것을 알면서도 용기를 낸 것은 제 경험을 여러분들에게 소상히 밝혀 많은 농가들에게 경영과 사양관리 측면에서 도움을 드릴 수 있었으면 하는 측면에서 용기를 내게 된 것입니다.

낙농을 하면서도 늘 농가들에게 말해왔습니다. 젖소가 숫송아지를 생산하면 팔지 말고 키우라고 말입니다. 한없이 투자되는 목장 운영에 큰 도움이 될 수 있다고 말입니다. 제 친구 한사람이 대광리에서 홀스타인 비육을 700여두 사육하고 있습니다.

그 친구는 낙농을 하다 그만두고 두 아들하고 열심히 하고 있습니다. 나처럼 원가를 절감하려고 무던히 애를 쓰다 결국은 배합사료로 소를 키우고 대신 사육규모(숫자)를 염두에 두고 있습니다. 지금은 규모와 숫자가 불가분의 관계인 시대입니다. 지난 날 소 몇 마리 농사지으면서 부업삼아 키우던 시절은 지나갔습니다. 우리가 소를 키운다는 것은 생계수단이며 보다 잘 키우기 위한 일이 일생을 소와 같이 풀어가야 할 과제인 것입니다.

생산성 향상을 위해 전력한다고 생각하나 저도 마찬가지입니다만 어느 부분 소홀히 하고 못 미쳤던 일들이 많이 있을 것입니다. 구태의연한 자세, 뭐 이정도야 괜찮겠거니 하는 생각, 뻔히 알고 있는 사실을 실천하지 못하는데서 모든 나쁜 문제들이 야기된다는 사실을 우리 모두는 항상 염두에 두어야겠다는 것을 특히 강조하고 싶습니다.

이런 말이 있습니다. 개량은 종축개량협회에 도움을 받고 영양쪽은 사료회사 쪽에 맡길 수 있어도 제일 중요한 사양관리, 즉 쾌적한 환경, 신선한 음수, 소를 아끼고 사랑하는 마음, 그러한 것들이 그 목장의 승패를 가름하게 된다고 생각합니다.

WTO체제하에 완전자유개방의 물결은 세차게 우리를 향해 넘쳐오고 있습니다. 호주와 뉴질랜드에서는 우리한우와 흡사한 리무진이라는 소들이 차가 달려오듯 경쟁력측면에서 열악한 우리에게 무섭게 들이 닥쳐오고 있습니다.

우리나라 축산업에 큰 시련을 예고하는 그러한 현실이 우리 눈앞에 와있는 것입니다. 우리가 앞으로 이러한 엄청난 위기를 헤쳐나가려면 방법이 없다고 생각합니다. 그저 끊임없이 노력하고 부딪혀 나가는 수밖에는 말입니다. 제가 올해 들어 58세가 되는 해입니다만 지금 이 자리에는 저보다 연상이신 분들이 많이 계신 걸로 압니다. 저희 세대엔 궁핍 과 가난에 찌들려 고픈 배를 달래며 살아온 지난날들이 있습니다. 그러나 그러한 어려움 속에서도 결심한게 하나있습니다. 열심히 노력하여 훗날 자식들에게는 가난을 물려주지 말아야겠다는 사실을 말입니다.

세계 챔피언 벨트를 허리에 두르던 역대 복서들을 보면 하나 같이 어려운 환경에서 전력투구한 후에 얻어진 값진 결실이라는 것을 말입니다. 그렇습니다. 소위 말하는 헝그리 정신, 프로근성이 있어야 한다는 것입니다. 우리 축산인들도 프로가 되어야 그것만이 살길이니까요, 아까 친구얘기를 잠깐 했었는데 배워야 할 점이 있기에 다시 불러보겠습니다. 2년여 전부터 거세를 하기 시작하여 지금은 진투수를 생후 3-4개월에 모두 합니다. 중량이 많이 나가는 단기 비육만을 고집하던 그 친구에게 큰 혁명이 일어난 것이지요. 요즘도 자주 내왕을 합니다만 저보고 힘든 젖소 그만두고 자기처럼 비육을 하라고 권합니다. 앞으로의 전망도 희망적입니다. 저도 자식이 제대하여 마음 놓고 젖소를 맡길 정도 되면 다시 비육에 투자하려합니다.

농수축산신문 2월 1일자 4면 농업전망 2001 라는 제하에 내용을 보면 시장이 개방되어도 송아지가 수입될 가능성이 적고 쇠고기수입도 국내시장에 미치는 영향이 없다는 것이 판명될 경우 올해부터 사육심리가 살아나고 한우 큰 암소 두수가 증가하기 시작해 2007년까지 사육두수 증가추세로 이어질 전망이라고 했으며 2007년 이후 가격이 급락하는 현상이 나타날 수 있다 하였으니 여러분 참고하시기 바랍니다. 꽤 많은 시간 두서없이 이야기를 했습니다만 모쪼록 이 어려운 무한 경쟁시대에서 살아남으려면 이제부터 시작이라는 생각을 항상 염두에 두시고 매사에 임한다면 모든 일이 뜻한 바대로 이룰 수 있다고 생각합니다. 여러분 지금까지 드린 제 말씀이 헛되지 않고 소득과 직결된 문제인 만큼 고급 육생산을 위해 한 마리의 수소도 남기지 말고 거세하여 저보다 성적이 더 좋은 등급 출현율이 나오길 바랍니다.

천하제일에서도 브랜드화 된 거세우, 국내 유명 단지의 농가들을 인솔하여 의식전환에 힘을 기울이는 것을 잘 압니다. 농가를 위한 측면에서 일하는 축산인의 한사람으로서 고맙게 생각합니다.

금년은 신사년 뱀띠해입니다. 뱀이라는 동물이 미물이긴 하지만 인간이 본받을 점도 있다고 생각합니다. 뱀은 앞만 보고 열심히 나아가는 습성이 있습니다. 뒤돌아보고 후퇴란 없습니다. 우리도 올 한해 한눈팔지 말고 앞만 보고 열심히 나아가는 한해가 되어 소기의 목적을 달성합시다.

감사합니다.

생태식물이 오폐수를 살린다

- 월간 <축산> 2009년 10월호

낙농과 자연을 사랑하는 장구산목장 김제욱씨

"착유장에서 나온 오폐수는 연못으로 흘러들어간다. 축산 폐수를 방류하는 것이 아닌 정화시키는 작업 과정 중 하나다. 경기도 포천시 이동면의 장구산목장은 착유장의 오폐수를 이렇듯 자연의 힘을 빌려 정화하고 있다."

장구산목장에서 오폐수 자연정화시스템을 도입한 것은 3년 전의 일이다. 그러나 이미 장구산목장은 자연정화시스템을 도입하기 이전부터 환경을 가꾸는 분야에서 손꼽히는 우수 농장이었다.

이는 아름다운 농장 가꾸기 운동이 전국 최초로 시작된 포천에서 초창기 주요 구성원으로 활동을 벌여온 농장주 김제욱 씨(66세)의 이력에서도 알 수 있다. 환경에 대한 목장주의 남다른 애정은 목장 곳곳에서 찾을 수 있다. 장구산 목장에는 파리나 모기를 찾을 수 없다. 다만 가을 하늘을 날아다니는 잠자리와 연못 앞 개구리가 빠져드는 소리가 들릴 뿐이다.

오폐수 자연정화시스템

장구산목장에선 33마리의 착유작업을 일반 목장과 같이 아침·저녁으로 실시한다. 착유 작업이 끝나면 어김없이 수세청소를 한다. 이때 나오는 오폐수는 착유 중 분뇨와 수세 청소에 사용되는 산성 세정액이 뒤섞인 폐수인데 물과함께 버려진다.

장구산목장의 오폐수는 우선 정화조를 거치며 1차 정화가 이뤄진다. 이때 기계식 정화로 찌꺼기들이 걸러진다. 찌꺼기는 젖을 짜는 동안 배출된 분뇨 덩어리가 대부분이다. 그러나 이미 물에 녹아버린 분뇨는 2차, 3차 정화를 통해 사라진다. 이물은 목장 뒷산을 타고 내려오는 계곡물과 합류된다. 계곡물은 목장주와 젖소가 마시는 샘물과 같은 1급수다.

착유장 폐수와 1급수의 물이 합류되면서 오염도가 희석되는 효과가 있다. 정화조에서 나온 물은 부레옥잠이 가득 자라난 작은 웅덩이로 흐른다. 여기서 2차 정화가 이뤄지는 것이다.

이 물은 다시 농장 아래에 만든 연못으로 흐른다. 최종 정화가 이뤄지는 연못이다. 면적은 19,8㎡(6평) 남짓하며 깊이는 150cm에 달해 하루에 흘려지는 물이 희석되기에 충분하다고. 연못에는 부레옥잠은 물론 연꽃, 꽃창포, 미나리 등의 수생식물을 키우기 위해 바닥에 진흙을 깔았다. 연못을 가득 매운 수생식물이 천천히 오염된 물을 정화하는 것이다.

실제 수생식물의 뿌리는 물속에 있는 질소, 칼리, 인 요소와 철 등의 무기물질을 흡수해 성장하므로 물을 정화시켜 준다. 최근 하천 유입부에 갈대, 부들 등의 수초 대를 조성하고 이들 수생식물들에 의한 자연적인 정화기능을 이용해 하천수의 수질을 정화시키는 방법이 흔히 활용되고 있다. 축산분뇨는 수생식물의 자연 영양분으로 흡수되며 물은 맑아진다. 연못 바닥에는 물고기와 수생동물들이 즐비하다. 목장 입구에 마련된 이 연못은 청명한 경관을 만들어 주는 데도 큰 몫을 한다. 연못으로 흘러들어오는 물소리와 수생식물이 어우러져 농장의명물로 손색이 없다.

이로써 3차 정화가 이뤄진 물은 농장 뒤 하천으로 흘러간다. 하천에 흘려지는 물은 완벽하게 정화가 된 물이다. 이제는 폐수 아닌 폐수가 계곡물과 어우러져 완만한 경사를 따라 흐른다.

이와 같은 자연정화시스템은 순수하게 농장주 김 씨의 아이디어로 만들어졌다. 농장의 지리적 상황을 가장 잘 아는 사람이어서 가능했던 일이다.

"사람들은 장구산 목장 곁에 계곡수가 흐르기 때문에 이런 처리 방법이 가능한 일이었다고 말하기도합니다. 그러나 일반 농장에서

도 지하수를 끌어올려 이 같은 시스템에 충분히 접목할 수 있습니다. 농장의 환경보다 농장주의 의지가 중요합니다." 김씨는 정화조를 두 번 거르며 폐수를 정화하던 기존과 자연정화를 진행한 현재 정화에서 차이가 크게 난다고 말했다. 기존에는 버려지는 물에서 나는 냄새와 남아 있는 세제 등이 늘 신경 쓰였다고. 그러나 자연정화로 깨끗해진 물은 맑아서 그런 걱정을 할 필요가 없다.

물이 흘려지는 최종 하천에도 자연적으로 수생식물이 자라고 있다. 흘려지는 물에서는 찌꺼기나 냄새가 전혀 없다. 자연정화시스템의 또 하나의 장점은 추가 비용이 들어가지 않는다는 것이다. 장구산 목장의 자연정화시스템에는 초창기 공사에 들어간 설치비 외에 추가 비용이 들지 않는다.

농장의 경사로를 따라 지하 수로를 만들었기 때문에 물은 자연적으로 흐르고 연못의 수생식물은 새로운 생태계를 만들어 자생하고 있다.

개혁은 '때문에'에서 시작됐다

 장구산목장이 자연정화시스템을 갖춘 것은 3년 전에 불과하다. 그 전까지는 착유장의 폐수를 2차례 정화조에 거른 것이 전부였지만 완벽한 정화를 이뤄내진 못했다. 때문에 김 씨는 완벽에 가까운 정화에 대해 고민해왔고 그 해결책을 구상해 낸 것이다.
 "농장의 경관은 꾸준히 가꾸었지만 폐수 정화까지 고려하면 공사가 커지기 때문에 섣부르게 시작하기 힘들었죠. 또 이를 어떻게 설계할지 구상하는 데 시간도 걸렸고 비용 부담도 감당해야 했으니까요."
 장구산목장의 자연정화시설은 얼핏 수월해 보이지만 지하수로를 만드는 일, 연못을 파내는 작업 등에 적지 않은 비용이 들어갔다. 그러다 우연치 않은 계기로 경기도로부터 400만원을 지원받고 자부담 600만원으로 공사를 마무리할 수 있었다고 자연정화 연못을 가꾸는 것은 김 씨의 몫이다. 목장을 운영하기 전부터 가꾸기를 좋아했던 김 씨의 성격도 자연정화시스템을 제대로 운영하는 절대적 요소다.
 김 씨의 타고난 성격과 부지런함 때문에 목장의 경관이 아름다워졌고 아름다운 목장으로 알려졌기 때문에 경기도의 지원금도 활용할 수 있었던 것. 김 씨는 돌 하나라도 하찮게 여기지 않는다. 밭일을 하다가 발견한 커다란 돌덩이 하나도 지나치는 법이 없다. 장구산목장의 멋진 경관과 자연정화는 그의 목장에 대한 애정 때문에 만들어진 것이나 다름없다. 그는 마을에 대해서도 남다른 생각을 갖는다. 부모님이 물려주신 땅에서 목장을 시작했기 때문이다.

그의 고향이기도 한 목장 부지는 부락의 꼭대기에 위치했다. 그런 이유에서인지 목장을 김 씨는 남다른 사명감을 지니고 있다.

여기에 김 씨는 요즘 소비자가 찾는 먹을거리에 안심과 안전이 강조된다는 점도 목장을 아름답게 꾸미는 이유라고 강조한다.

"먹을거리의 안전·안심에 소비자의 관심이 높은 시대예요. 당연히 그 부분에 초점을 맞춰야 합니다. 목장을 가꾸는 것은 선택이 아니라 필수가 된 것이죠. 그것이 살아남는 길이에요."

김 씨는 앞으로 무항생제와 친환경인증을 받을 계획이다. 불혹을 26년이나 훌쩍 넘긴 그에게 자료를 만들어야 하는 인증 작업은 다소 부담스러운 일이기는 하다. 그러나 소비자가 원하는 트렌드에 맞춰야 한다는 생각에는 변함이 없다.

유량과 유질 1등급

장구산목장은 1984년 만들어졌다. 인천에서 회사를 다니던 김 씨가 가진 돈을 투자해 마련한 착유우 5마리, 육성우 2마리로 시작한 것. 이후 김 씨와 부인은 목장을 부지런히 꾸려 나갔다. 착유를 시작한 이래 20년이 넘도록 1등급을 유지했으나 올해 들어 처음 유방염이 발병해 기록에 흠집을 남겼다. 원인은 착유기의 고장이었다.

"착유업체 직원도 원인을 알 수 없는 고장이라 규명했어요. 다행히 빨리 발견했지만 기계 안쪽이 원인 모르게 찢겨 있었죠. 그렇게 소들이 질병을 앓은 것은 처음이었습니다."

그러나 그동안 장구산목장의 성적은 꾸준히 상위급을 이어왔다. 목장을 시작한 이후 농장의 경관뿐만 아니라 일찍부터 유질, 위생에 대한 관심을 기울여온 결과다. 착유장은 늘 청결하게 유지하며 1년에 두세 차례 벽면까지 청소를 한다. 사료는 2006년 이후 주문식 TMR로 배합기에 배합해 급여하고 있다. 그 전까지만 해도 김 씨가 직접 사료를 만들고 급여했지만 노동력 절감 효과를 고려해 주문식 사료로 바꿨다. 농장의 분뇨는 김 씨의 밭에서 활용하고, 인근 경종농가들에게 나눠준다.

"새벽에 착유를 하고 늘 규칙적으로 살아가는 것이 건강에 좋습니다. 가끔 힘이 들 때도 있지만 이 나이에 이처럼 공기 좋은 곳에서 나만의 목장을 경영하고 가꾸는 여유 있는 삶이 최고의 참살이의 인생이죠."

김 씨는 "낙농업이 좋아 시작했던 초심을 죽는 순간까지 끌고 갈 것"이라며 "이를 위해 아름다운 목장의 이미지를 간직하며 오폐수를 전혀 남기지 않는 목장임을 누구에게라도 인정받도록 노력하겠다."고 밝혔다.

Tips

　국내에서 수생식물을 이용한 수처리 연구가 시작된 것은 1980년대 이후로 주로 중남미 원산의 부레옥잠(water hyacinth)이 활용되어 왔다. 부레옥잠을 이용한 수처리 연구는 축산 폐수, 군부대 생활하수의 유기물, 영양염류 및 중금속 제거실험이 수행되었으나 소형장치나 중규모 모형실험이 주를 이루고 있다.
　부레옥잠 이 외에 생이가래에 의한 하수 내 질소와 인 제거, 미나리에 의한 영양염류 제거 및 카드뮴과 납의 제거 물옥잠, 줄, 부들, 꽃창포, 토란에 의한 축산폐수 처리 애기부들, 꽃창포, 미나리에 의한 하수처리가 수행된 바 있으며 현재 갈대에 의한 군부대 생활하수처리가 연구되고 있으나 전반적으로 다양한 수종의 평가는 물론 현장적용 규모의 연구가 빈약한 상태다.
　수처리 식물은 생활형에 따라 오염물질의 흡수·제거기능과 재배, 수집, 운반의 편리함, 재이용성에 따라 각각 장단점을 가지고 있다. 미나리 등 정수식물은 뿌리와 줄기의 발달도가 높고 밀생하여 부착미생물에 의한 유기물 처리기능은 크나 체내의 질소, 인의 함량이 낮고 성장속도가 느려 영양염류의 흡수기능이 약하며, 수거가 어려운 반면 사료나 비료로서의 재이용은 크다.
　부수식물의 부레옥잠은 처리기능이 뛰어나나 과밀하게 성장한 경우는 수표면에서 공기와의 산소 유통을 차단하여 용존산소를 결핍시키며, 내한성이 낮아 국내 자연수에서의 적용은 시기적으로 제한적이고 수분 함량이 높아 운반이 쉽지 않다.

이에 반해 좀개구리밥은 정수식물과 부수식물의 문제점은 갖지 않으나 생체량이 작고 뿌리와 줄기의 발달이 적어 제거기능이 상대적으로 떨어진다. 부엽식물과 침수식물은 자연습지에서 다양한 영양구조의 한 구성원으로서는 중요한 역할을 하나 수처리용 식물로는 효과가 적다.

수생식물을 이용한 수처리 기술은 시설비, 에너지, 경제적이고 실용적이지만 비교적 관리가 어렵고 성장을 마친 생물의 처리문제, 성장조건의 계절적 제어에 따른 효율 변동의 한계점을 아울러 가지고 있다. 그러나 그 개념이 자연의 순환고리에서 출발한 것이며 물리화학 및 생물학적 처리의 제한성을 보완한다는 점에서 응용 가능성이 크다.

대 가축
- <축산신문> 2012년 7월 5일자

성실 근면함으로 일관하여 15년 만에 전업농가로 우뚝 서고 체계적인 개량으로 산유능력을 두당 평균 1만kg을 돌파한 목장이 있다.

특히 이 목장은 조사료 여건이 부족한 것을 자가 TMR 발효사료로 극복하고 있으며 숫 젖소는 모두 거세 비육하여 소득을 배가 하고 있다.

화제의 목장은 경기도 포천군 이동면 연곡4리 142번지 장구산 목장(대표 김제욱·58세).

김제욱 씨는 지난 85년 젖소 5두를 입식하면서 낙농인이 되어 현재 사육중인 젖소는 착유우 32두를 포함한 경산우 36두와 육성우 35두, 비육우 25두등 모두 91두에 달한다.

한국종축개량협회 검정농가인 장구산목장 우군검정성적을 살펴보면 지난 6월 15일 현재 5산차인 35호 젖소의 산유량은 3백5일 보정 1만2천78kg이며 성년 형으로 환산하면 1만2천4백78kg에 달한다. 또 38호 젖소도 5산차인데 3백5일 보정 1만2천46kg에 이르고 28호(2산) 1만1천9백69kg, 60호(2산) 1만1천7백20kg,

52호(4산) 1만1천6백 78kg 등으로 1만kg이상의 고능력우가 즐비하다.

따라서 장구산목장 우군 두당 평균 산유량은 무려 1만43Kg에 이른다. 두당 평균 유지율 3.89%. 유단백율 8.84% 등으로 유성분이 좋고, 체세포수 10만미만·세균 수 5천미만 으로 유질이 모두 1등급이다. 이처럼 양질의 원유는 건국유업으로 납유를 하는데 유대는 kg당 7백30원. 산차는 2.3산으로 전국 검정농가의 평균 산차 2.4산에 비해 다소 낮으나 이는 초산우가 11두가 있기 때문으로 풀이된다.

특히 장구산목장은 태어나는 암송아지는 후보축으로 활용하고 숫송아지는 생후 3~4개월령에서 거세를 하여 비육을 시킨다. 비육기간은 비거세우에 비해 2~3개월이 지연되지만 고급육 출현 율은 아주 높은 것으로 나타나고 있다.

올 상반기 중 출하를 한 육우 8두의 등급을 살펴보면 A-1 최상급이 1두가 나왔으며 ▲ A-2(2두) ▲ B-1(1두) ▲ B-2(2두) ▲ B-3(2두)로 C-2와 C-3등 하위 등급우는 한 마리도 없다.

B-3 등급이라 할지라도 일반 젖소 비육우에 비해 kg당 4백 ~5백원 정도 수익이 더 발생, 생체 kg당 가격은 5279원이었다는 것.

장구산목장은 사료작물포가 2천 평에 불과하다. 따라서 지난해 봄부터 절대 부족한 조사료의 공급원을 자가TMR 발효사료로 충당하는데 1일 두당 1.5~2.0kg의 발효사료를 배합사료와 조사료 등과 혼합하여 급여한다.

TMR 발효사료 제조방법은 1톤 용량의 타이머가 부착된 발효기에 소맥피 36kg 10포대와 물 2백50리터 · 발효제 1kg · 맥주박 30kg을 넣어 50~60℃ 사이를 유지하며 3시간 간격으로 10분씩 2일동안 가동한다. 발효가 끝난 완제품은 공기 불통의 비닐용기에 담아 보관을 한다.

TMR 발효사료의 장점은 여름 혹서기에도 유량 감소가 없으며 한여름에 먹다 남은 사료도 뜨거나 변질이 되지 않으며 고능력우의 경우는 건물섭취량이 증가한다는 것이다. 또 위내의 소화를 도와 분뇨 상태가 좋고 우군 건강이 양호하다는 점이다.

또한 티엠알플러스 3kg·에너테인 8kg · 면실 2kg · 티모시 3kg · 연맥 2.5kg · 맥주박 0.7kg · 발효제 1.5kg을 급여 한다.

장구산목장은 혈통관리가 체계적으로 이루어져 지난 4월 축산기술연구소의 「젖소생애 체형변화와 능력개량에 관한 연구」와 관련한 연구대상농가로 선정이 되어 있다.

현재 포천축산발전연대모임 낙농대표로써 포천축산인들의 권익보호는 물론 지역의 축산발전에 한몫을 톡톡히 하고 있는 김제욱 대표는 "농가당 부채액이 약 2000만원으로 매년 늘고 있으며 특히 젖소사육농가들의 부채는 그 액수가 배에 달한다"며 『정부가 농가부채경감을 위해 나름대로 배려를 한다고 하나 근본적인 대책이 강구되지 않는 한 농가부채는 줄어들기 힘들기 때문의 특단의 대책을 마련해줄 것』을 호소했다.

김제욱 대표는 『정부가 환경정화 차원에서 착안한 오 · 폐수

배출에 대해 앞으로 강력히 단속하고, 그에 따른 벌과금도 징수할 의지를 표명한 것으로 알고 있다』면서 『그러나 정부는 단속과 벌과금 징수에 앞서 농가들이 시설을 보완할 수 있도록 여건을 조성해주는 것이 우선되어야 한다』고 강조했다.

- 조용환 기자

앞서가는 목장 - 경기도 포천시 장구산목장
- 월간 <낙농> 2017년 8월호

준비된 후계낙농인…
완벽한 기반구축에 '구슬땀'

아버지 도움 없었다면 엄두도 못내
가장 신경 쓰이는 부분으로는 번식

경기도 포천시 이동면에 위차한 장구산목장 김유채 대표(39)는 2014년 가을, 그의 아버지가 경영하던 목장을 물려받았다. 막 3년을 꽉 채워가는 시기이니 누군가는 이제 걸음마를 뗀 수준이라 생각할 수 있지만 김 대표는 이미 준비된 후계 낙농인이었다.
한국홀스타인검정중앙회 포천검정회 원년 멤버이자 회장까지 역임한 김 대표 아버지의 영향일까. 김 대표는 무역학과를 나왔지만, 퓨리나사료와 CJ사료의 영업사원으로 수년간 일해 왔다. 그도 그럴 것이 젖소 사육을 희망했던 김 대표의 아버지는 당시 6살이던 김 대표를 오토바이 뒤에 태워 매주 주말마다 고모부가 양주의 덕정리에서 젖소 30마여마리를 길렀기 때문인데, 그 가운데 4마리의 착유우가 목장의 시초가 돼 그 명맥이 김 대표에게까지 이어진 것이다.

경기 포천시 '장구산목장'
준비된 후계낙농인…
완벽한 기반구축에 '구슬땀'

김유채 대표와 그의 아버지 김재욱 씨가
TMR사료의 상태를 살펴보고 있다.

아버지 도움 없었다면 엄두도 못내
가장 신경 쓰는 부분으로는 번식

경기도 포천시 이동면에 위치한 장구산목장 김유채 대표(39)는 2014년 가을, 그의 아버지가 경영하던 목장을 물려받았다. 막 3년을 꽉 채워가는 시기이니 누군가는 이제 걸음마를 뗀 수준일 것이라 생각할 수 있지만 김 대표는 이미 준비된 후계 낙농인이었다.
한국홀스타인검정중앙회 포천검정회의 원년멤버이자 회장까지 역임한 김 대표 아버지의 영향일까. 김 대표는 무역학과를 나왔지만, 퓨리나사료와 CJ사료의 영업사원으로 수년간 일해 왔다. 그도 그럴 것이, 젖소 사육을 희망했던 김 대표의 아버지는 당시 6살이던 김 대표를 오토바이 뒤에 태워 매주 주말마다 인천과 양주를 오갔다고 한다. 마침 김 대표의 고모부가 양주의 덕정리에서 젖소 30여마리를 길렀기 때문인데, 그 가운데 4마리 현재 장구산목장에서 사육 중인 소는 착유우 약 50마리를 포함해 총 90두이다. 남처럼 서울우유로 바꾸고 난 처음에는 900Kg의 쿼터를 구입했고, 이후 조금씩 늘려 현재는 1,400Kg까지 쿼터를 늘린 상태이다.

올해는 1,500Kg, 내년에는 1,700Kg의 쿼터량을 목표로 더욱 열심히 달릴 채비를 하고 있다는 김 대표.

힘들지 않느냐는 질문에 김 대표는 "휴일도 없이 매일 일해야 한다는 부담감도 있지만 아직 그보다는 목장의 기반을 다질 때라고 생각한다."며 굳은 각오를 보였다.

아무래도 김 대표에게는 장시간동안 사료 영업을 위해 많은 목장을 탐방하면서 몸으로 체득한 노하우가 상당했던 모양이다. 젖소에 남다른 애착을 보였던 김 대표의 아머지가 준비기간도 없이 단번에 목장을 물려줬으니 말이다.

2세 낙농인, 부모에 믿음 사야

이에 대해 김 대표는 "순식간에 혼자 목장을 맡아 처음엔 시행착오도 겪으며 힘든 시간을 보냈지만, 그럼에도 아버지와 마찰은 적었다. 목장을 맡기 전부터도 의견을 말씀드리면 잘 수용해주시는 아버지가 계셨기에 가능했던 일이다."며 아버지에 대한 감사를 잊지 않았다. 이는 사실 이전부터 김 대표가 아버지로부터 신뢰를 받고 있었음을 증명하는 대목이라 볼 수 있다.

하지만 수많은 2세 낙농인들이 공통적으로 겪고 있는 어려움 가운데 하나는 다름 아닌 부모와의 갈등이라는 것에는 변함이 없다.

김 대표는 "전문교육을 통해 습득한 지식과 신기술에 대한 정보를 빨리 현장에 접목을 시켜보고 싶은 2세들의 마음을 당연히 이해한다. 그러나 부모님에게 당장 변화를 요구하기보다는 먼저 행동으로 믿음을 심어주는 것이 중요하다. 부모세대들은 20~40년의 목장 경력을 바탕으로 자신만의 확고한 틀을 가지고 있는데, 이를 하루아침에 바꿀 수 없는 일이다. 스스로 책임지고 가야 할 자신의 목장이라는 생각으로 열심히 하다보면 자연히 해결될 것이다."고 의견을 전했다.

비타민 근육주사 실시

김 대표는 아무리 좋은 소를 가졌더라도 평균유량이 들쑥날쑥하면 소용없는 일이라고 한다. 평균유량을 잘 내기 위해선 번식이 중요하다며 목장 경영에서 가장 신경을 쓰고 있는 부분도 역시 번식이라고 했다.

김 대표는 번식관련 비법으로 비타민을 내세우며 "한 달에 한 번은 전체 두수에게 비타민 근육주사를 실시하고 있다. 비타민 주사가 유량 증가와 체세포수 감소에 도움을 준다. 특히 난소 쪽에 주사를 투여하면 난소가 약한 소에게 도움이 되고, 면역력 증진에 효과가 있다."고 말했다.

소의 경우 비타민D는 광합성작용을 통해 얻을 수 있지만, 나머지는 첨가제・주사 등을 통해 따로 섭취를 도와야 한다. 사람이 힘이 들면 수액과 비타민을 맞는 것처럼, 소에게도 비타민 투여는 호르몬 현상, 세포 활성화 등 긍정적 효과를 가져다 잔다고 그는 설명을 덧붙였다.

"첨가제를 통한 비타민 제재가 편하기는 해도 흡수율이 떨어지기 때문에, 주사를 통해 혈관에 집적 투여하는 방식이 더 효과적이다. 전체 두수에 일일이 주사를 놓다보니 힘들기도 하지만 그래도 이 편이 낫다고 생각한다."고 말하는 김 대표에게서 사육중인 소에 대한 애정을 엿볼 수 있었다.

빠른 사료 입붙임… 에너지 요구량 조절

"송아지 폐사는 세균성이 대부분이기 때문에, 송아지가 태어나면 가장 먼저 배꼽소독을 한다."고 말한 김 대표는 송아지 우유 및 사료급여에 대해 말을 이어나갔다.

"3~4일 초유 급여 후 우유를 아침저녁으로 한 달 반가량 먹게 한다. 우유가 미지근하면 송아지의 소화력이 굉장히 떨어지는 탓에 우유를 직접 끓여 40~42도C의 온도에서 급여하고 있다."고 말했다. 특히 김 대표는 물에 분유를 타 먹이는 대용우가 아닌 직접 짠 우유를 주고 있다고 한다.

사료급여 시기에 대해서는 "태어난 후 10~15일이 되면 사료

입붙임을 시작하는데, 빨리 급여를 시작하는 이유는 송아지들이 사료에 적응을 하면 우유를 끊었을 때에도 에너지 요구량이 어느 정도 맞춰지기 때문이다."며 "조사료의 경우는 톨페스큐를 사용하는데, 케이지에서 내린 후 입붙임을 시작한다."고 설명했다.

김 대표는 "송아지는 배를 따뜻하게 해주는 것이 관건이다. 때문에 데운 우유를 주고, 케이지마다 보온등을 달아 보온에 신경 쓰고 있다."고 했다.

4개월째에 접어든 중송아지는 아침에 사료를 급여할 뿐 큰 신경을 쓰지 않는다는 김 대표는 그 비결로 3개월까지 집중적 관리를 통한 면역력과 강건성 강화에 있다고 한다.

이후 "육성우에서 가장 중요한 시기는 초종부이다. 이전에 먹이던 사료는 발정이 약하다고 생각돼 초임단계에서 CJ의 사료를 급여하기 시작했다. 이후 13~14개월령에 발정이 오는데, 14개월부터 수정을 시키고 있다. 13개월에도 이미 체형은 완성된 상태지만 성 성숙도가 떨어진다는 생각 때문이다. 또한 초산 후 운동장에 나가면 그 순간 최약체가 되기 때문에 조금 더 성숙된 상태에서의 수정을 시행하고 있다."고 설명했다.

마지막으로 김 대표는 "포천 내의 목장만 많이 가봤지, 다른 지역의 목장에 대해선 잘 모르고 있다. 타 지역의 우수목장 탐방과 지속적인 공부로 더욱 발전하는 목장을 이루겠다."는 말로 인터뷰를 마쳤다.

― 김명구 기자

이 도서의 국립중앙도서관 출판예정도서목록(CIP)은 서지정보유통지원시스템 홈페이지(http://seoji.nl.go.kr)와 국가자료종합목록 구축시스템(http://kolis-net.nl.go.kr)에서 이용하실 수 있습니다.

(CIP제어번호 : CIP2020024091)

김제욱 수필집

샘물처럼

초판인쇄일 2020년 7월 10일
초판발행일 2020년 7월 15일

지은이 : 김제욱
발행인 : 김순진
편집장 : 전하라
디자인 : 김초롱
펴낸곳 : 문학공원
등 록 : 2004년 3월 9일 제6-706호
주 소 : 우편번호 03382 서울 은평구 통일로 633
 녹번오피스텔 501호 스토리문학사
전 화 : 02-2234-1666
팩 스 : 02-2236-1666
홈페이지 : http://cafe.daum.net/yob51
이메일 : 4615562@hanmail.net

※ 책값은 뒤표지에 있습니다.
※ 저자와의 협의에 의해, 인지는 생략합니다.